과학 교과 연계

3학년 1학기
5단원. 지구의 모습

5학년 1학기
3단원. 태양계와 별

6학년 1학기
2단원. 지구와 달의 운동

글 서지원

강릉에서 태어나 한양대학교를 졸업하고 〈문학과 비평〉에 소설로 등단했어요. 지식과 교양을 유쾌한 입담과 기발한 상상력으로 전하는 이야기꾼입니다. 지금은 어린 시절 꿈인 작가가 되어 하루도 빠짐없이 글을 씁니다. 서울시 올해의 책, 원주시 올해의 책, 문화체육관광부와 한국도서관협회가 뽑은 우수문학도서 등에 선정된 저서 외에도 2009 개정 초등 국정교과서와 고등 모델 교과서를 집필했습니다. 쓴 책으로 〈몹시도 수상쩍다〉, 〈호랑이 빵집〉, 〈고구마 탐정 과학, 수학〉, 〈빨간 내복의 초능력자〉, 〈안녕 자두야〉 시리즈와 《황룡의 속담 권법》, 《4차 산업 혁명과 미래 직업 이야기》, 《나라에 일이 생기면 누가 해결하지?》, 《훈민정음 구출 작전》, 《우리 엄마는 모른다》, 《최고의 행복 수업》 등 250여 종이 있습니다.

그림 한수진

오랫동안 어린이책에 그림을 그리며 살고 있습니다. 내가 그린 그림을 보며 어린이들이 책 읽는 즐거움을 한껏 누리면 좋겠습니다. 그동안 그린 책으로는 《악플 전쟁》, 《우리 또 이사 가요!》, 《국경을 넘는 아이들》, 《치즈 붕붕 과자 전쟁》, 《바른말이 왜 중요해?》, 《급식 마녀와 멋대로 마법사》 등이 있습니다.

몹시도 수상쩍다
3. 우주에서 온 택배

초판 1쇄 펴낸날 2023년 6월 12일 **초판 3쇄 펴낸날** 2025년 2월 12일

글 서지원 **그림** 한수진
펴낸이 허경애 **편집** 최정현 김하민 **디자인** 위드 **마케팅** 정주열
펴낸곳 도서출판 꿈터 **출판등록일** 2004년 6월 16일 제313-2004-000152호
주소 서울시 마포구 양화로 156, 엘지팰리스빌딩 825호
전화번호 02-323-0606 **팩스** 0303-0953-6729
이메일 kkumteo2004@naver.com **블로그** blog.naver.com/kkumteo- **인스타** kkumteo
ISBN 979-11-6739-089-3 ISBN 979-11-6739-079-0(세트)

ⓒ서지원 한수진 2023
이 책에 실린 글과 그림은 무단 전재 및 무단 복제할 수 없습니다.
잘못된 책은 구입하신 서점에서 바꾸어 드립니다.

어린이제품안전특별법에 의한 제품 표시
제조자명 꿈터 | **제조연월** 2025년 2월 | **제조국** 대한민국 | **사용연령** 7세 이상 어린이 제품
주의사항 종이에 베이거나 긁히지 않도록 조심하세요. 책 모서리가 날카로우니 던지거나 떨어뜨리지 마세요.
KC 마크는 이 제품이 공통안전기준에 적합하였음을 의미합니다.

몹시도 수상쩍다

3 우주에서 온 **택배**

서지원 글
한수진 그림

작가의 말

우리는 왜
우주로 갈까요?

2022년 6월 21일, 우리나라의 나로우주센터에서 누리호가 발사되었어요. 누리호는 우리나라의 순수한 기술로 제작된 우주발사체지요. 그리고 누리호에 실린 인공위성들이 우주 궤도에 성공적으로 안착하였어요. 이 성공으로 우리나라는 세계 7번째 우주 운송 능력을 갖춘 국가로 발전했어요. 2022년 8월에는 달 궤도선 다누리호가 발사돼 달을 탐사했어요. 그리고 2030년에는 달 착륙선을 쏘아 올려 달에 보내겠다는 계획까지 세우고 있어요. 이처럼 우리나라는 지금 우주 강국으로 성큼성큼 발전해 가고 있어요.

'우주에는 왜 자꾸 가려고 하는 걸까요?' 하고 궁금해하는 사람들이 많아요. 지구 밖은 너무나 위험하며 탐사하기 어려우니까요. 지구는 영원히 안전하지 않을 수 있어요. 소행성이 충돌할 수 있고, 지구에 있는 자원을 다 써버릴 수 있고, 핵전쟁이 일어날 수도 있고, 기후 변화와 환경 오염으로 생태계가 무너질 수 있어요. 그래서 지금부터 미래의 인류를 위해 인간이 살 외계 서식처를 찾아야 해요.

사실, 우주 탐사가 아니었다면 우리는 일상생활을 지금처럼 살 수 없었어요. 우리가 사용하는 스마트폰과 인터넷은 지구 위에 떠 있는 인공위성을 이용해 통신하고 있거든요. 길을 찾을 때도 우리는 우주 기술을 사용해요. 자동차가 길을 찾아갈 때 내비게이션을 사용하지요. 지구 위에 있는 GPS 위성을 이용해 내 위치 정보를 알 수 있기 때문이에요. 또 우리가 위성 지도로 지구 곳곳을 볼 수 있는 것도 지구를 관측하는 위성 덕분이에요.

인류는 오래전부터 엄청난 모험을 했어요. 남극과 북극, 깊은 바다, 새로운 땅을 찾아 험난한 도전을 했지요. 그 덕분에 오늘날 인류는 새로운 세상을 만든 거예요.

공부균 선생님의 과학교실은 엉뚱하고 발랄한 상상력으로 이루어져 있어요. 과학자가 되려면 상상력과 끝없는 호기심과 도전정신이 가득해야 해요. 어린이 여러분, 무한한 상상력으로 새로운 우주 세상을 만들어 보아요.

작가 서지원

차례

작가의 말 우리는 왜 우주로 갈까요? · 4

첫 번째 실험: 우주의 비밀 찾기

우주는 오늘도 안녕

수상쩍은 흔적 · 11
우주를 만들어 보아요 · 18
우주 끝까지 도망쳐라 · 28
고양이 별의 에디슨 · 37

두 번째 실험: 우주 정거장에서 탐험하기

앗! 소행성 지구 충돌!

우주로 과학교실 · 47
우주에서 온 택배 · 57
우주복 패션쇼 · 64
지구로 날아오는 소행성 충돌을 막아라 · 70

달콤한 행성 사탕 맛보기

달콤한 행성 사탕은 먹으면 큰일 나요 · 79
태양 모드는 안 돼! · 89
태양계에서 제일 커질래요! · 96
하늘에 뜬 별아, 너의 이름은? · 103

블랙홀에서 탈출하기

별밥을 만들어요 · 117
아로 뱃속에 블랙홀 · 125
내 소행성의 이름은! · 132
우주를 날아서! · 146

과학교실에 나오는 사람들

공부균 선생님
도무지 무슨 일을 벌일지 알 수 없는 엉뚱 발랄한 선생님. 가끔 사고도 치지만 세상에서 가장 유익한 공부균 선생님이야!

에디슨
덩치만 컸지 얼마나 겁이 많다고.
야옹 소리보다는 어흥 소리가 더
어울릴 것 같지만, 엄연히 고양이야.
호기심이 많아 실험실 물건을 이것저것
만지다가 사고를 일으키기 일쑤지.

이아로
말대꾸하기 대장. 사고뭉치에
말썽꾸러기지만 호기심 넘치고,
위기의 순간 아이들을 이끌 줄 아는 리더.
꼬박꼬박 말대꾸할 때는 정말 밉지만,
보면 볼수록 귀여운 악동이야.

건우
소심한 부끄럼쟁이지만 차분하고,
신중한 게 건우의 매력이야.
공부균 선생님과 우주여행을 하면서
점점 밝아지고 자신감을 되찾았어.

혜리
차갑고 도도해 보이지만,
누구보다 여리고 따뜻한 속마음을 가진 소녀야.
꼼꼼하고 차분한 똑순이로 과학 상식이 아주 풍부해.
공부균 선생님의 딸이지.

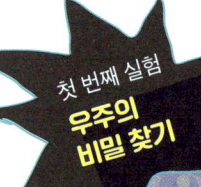
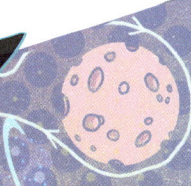

우주는 오늘도 안녕

첫 번째 실험
우주의 비밀 찾기

창의력 호기심

우주가 태어나기 전에는 우주에는 무엇이 있었을까?
우주의 끝에는 무엇이 있을까?
우주에 암흑 물질이 있다고 하던데, 그건 무엇일까?

수상쩍은 흔적

'엇, 뭔가 느낌이 수상한데?'
아로는 눈을 가늘게 뜨며 주변을 살폈다.
"아로 왔니? 얼른 손 씻고 간식 먹어라."
"엄마, 우리 집에 도둑이 든 것 같아."
"도둑? 도둑이 왜 우리 집에 와?"
"뭔가 없어진 거 없어?"
아로는 수상쩍은 눈길을 집 구석구석으로 보냈다.
"당연하지!"
"아니야, 도둑이야, 도둑, 도둑!"
도둑이 들었다는 사실을 얘기했지만, 엄마는 태연했다.
우리 집엔 훔쳐 갈 게 아무것도 없다나 뭐라나.
"아냐, 틀림없이 도둑이 들었다니까?"
"도둑이면 뭘 가져가겠지! 그런데 우리 집엔 없어진 게 없다고."

"아냐, 자세히 좀 찾아봐!"

"이 녀석, 엄마가 멀쩡하다고 몇 번을 말해? 넌 집에 도둑이 들었으면 좋겠니?"

하지만 아로는 엄마의 말을 믿을 수 없었다.

그도 그럴 것이 창문 틈이 살짝 벌어졌고, 창문 틈의 먼지가 살짝 사라진 흔적이 있었기 때문이다.

아주 아주 조금, 티가 날까 말까 할 정도로 살짝 움직인 것이긴 하지만 그것은 틀림없이 누군가의 침입을 알리는 증거였다.

찝찝함을 감출 수 없었던 아로는 돋보기를 들고 나와 집 안 곳곳을 살피기 시작했다.

아로의 방문 앞에 무언가가 있었다. 그것은 먼지 같기도 하고 실밥 같기도 하고 보풀 같기도 한 뭔가였다.

"흐음, 이건 뭐지?"

아로는 두 눈을 부릅뜨고 무언가를 요리조리 살펴보았다. 하지만 아무리 살펴봐도 아주 작고 가벼운 먼지 뭉치에 불과했다.
'좋아, 이럴 땐 선생님께 도움을 청해야 해!'
아로는 무언가를 휴지로 겹겹이 감싼 다음 공부균 선생님의 집으로 쪼르륵 달려갔다.

"선생님!"
문을 활짝 열어젖힌 아로는 공부균 선생님을 찾아 두리번거렸다. 그런데 선생님은 어딘가로 외출하고 없는 듯했다. 에디슨도 안 보였다.
아로는 슬쩍 창고 문을 열고 들어갔다. 그런데 창고에는 아무것도 없었다.
"설마 도둑이 벌써 다 훔쳐 간 건가?"
딱 하나, 창고 한가운데 네모난 상자 하나가 놓여 있었는데 그 상자는 눈으로 보기에도 아주 가벼워 보였다.
'상자 속이 텅 빈 것 같은데?'

아로는 조심스럽게 상자를 열어보았다. 그 속에는 설명서 한 장과 매우 단순해 보이는 키트 하나가 들어 있었다.
"이게 뭐지?"

아로는 설명서를 차근차근 읽기 시작했다.

> **〈우주를 창조하는 방법〉**
> 1. 키트 위에 우주 먼지를 올려놓으시오.
> 2. 또 기다리시오.
> 3. 계속 기다리시오.

아로는 고개를 갸웃하며 설명서를 보았다. 바로 그때 혜리와 건우가 나타났다. 둘은 텅 빈 창고를 보고 놀라 눈을 휘둥그레 떴다.
"엇, 여긴 아빠의 보물창고잖아. 그런데 왜 텅텅 빈 거야?"
"이아로, 설마 여기 있던 물건을 네가 다 없애 버린 거야?"
"아, 아니라고!"
아로는 '우주 창조 키트'를 보여주며 머리를 긁적였다.
"이걸로 우주를 만들 수 있다는 말이 무슨 뜻인지 모르겠어."

헤리가 뭔가 생각난 듯 말했다.

"아! 아빠가 우주를 창조하는 실험을 하려고 창고를 비워 두셨나 보다. 언젠가 아빠한테 우주는 태초에 작은 점 하나로 시작되었다는 얘기를 들은 적이 있어. 아빠 말로는 우리가 사는 우주도 몇 백억 년 전에 작은 점 하나에서 태어난 거래. 이 먼지가 우주 창조 키트에서 점 역할을 하나 봐."

"에이, 말도 안 돼!"

"어마어마하게 큰 우주가 어떻게 점 하나로 만들어진다는 거야?"

아로와 건우는 혜리를 향해 혀를 끌끌 찼다.

"그런 말도 안 되는 얘기를 믿다니, 너 정말 1등이 맞긴 해?"

"맞아, 맞아. 우주는 우리가 상상할 수 없을 정도로 어~마~어~마하게 넓다고."

# 우주를 만들어 보아요

"우리가 직접 우주를 창조해 보는 거야!"

혜리가 주먹을 불끈 쥐었다. 건우가 설명서를 읽었다.

"1. 키트 위에 우주 먼지를 올려놓으시오. 어? 우주 먼지가 어디 있지?"

건우는 상자와 우주 창조 키트를 뒤집어서 흔들어 보았지만, 아무것도 나오지 않았다.

"혹시 이게 아닐까? 우리 집에 있었어."

아로는 집에서 가져온 정체불명의 작은 물질을 꺼내 놓았다.

"아, 맞다! 여기 설명서에 있는 그림과 똑같은 물질이야. 이게 왜 너희 집에 있었지?"

혜리가 의심쩍은 눈초리로 묻자, 아로는 어깨를 으쓱했다. 건우의 손가락이 창고 문 앞에서 늘어지게 하품하는 에디슨을 가리켰다.

"에디슨의 꼬리에 이 물질들이 묻어 있어. 범인은 에디슨이었구나."

"아로야, 빨리 우주 먼지를 올려놔. 어서 우주를 창조하자. 누가 아니? 우리가 새로운 우주를 창조한 신이 될지?"

혜리가 재촉했다. 건우가 불안한지 눈동자를 왼쪽 오른쪽으로 굴렸다.

"나, 약간 떨려."

아로는 마른침을 꿀꺽 삼킨 후, 설명서에 적힌 대로 우주 창조 키트 위에 우주 먼지를 올려놓았다. 그런 다음 기다리기를 수십 분. 하지만 키트에선 아무런 변화도 일어나지 않았다.

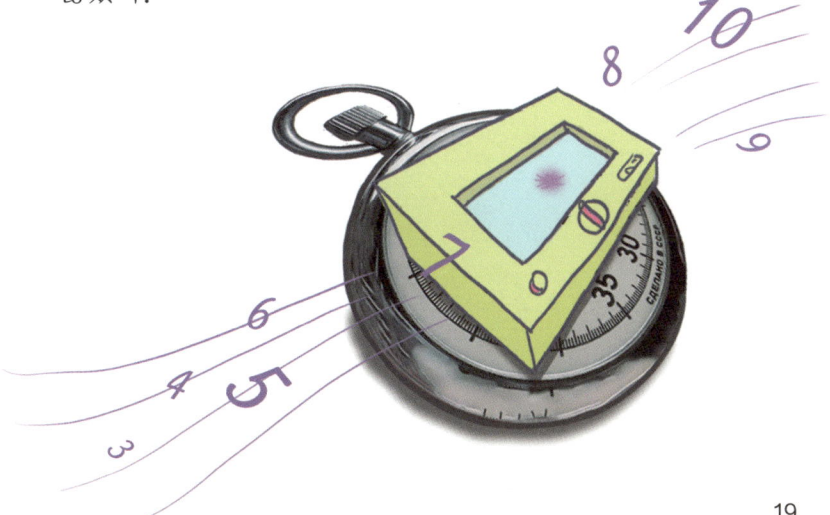

"하암!"

"언제까지 기다려야 하는 거지?"

"그러게, 난 졸리기 시작했어."

먹성 좋은 에디슨은 배가 고프다며 자꾸 혜리의 옆구리를 벅벅 긁어댔다.

그때 공부균 선생님이 활짝 웃는 얼굴로 나타났다.

"엇, 선생님!"

"여러분, 우주를 창조하는 실험 중이로군요."

"이걸로 정말 우주를 만들 수 있긴 해요?"

"당연하지. 단, 시간이 좀 걸릴 뿐!"

"얼마나 기다려야 하는데요?"

아로가 묻자 공부균 선생님이 턱을 매만지며 대답했다.

"진짜 우주라면, 길면 180억 년에서 짧으면 120억 년 정도."

아로와 아이들이 혀를 내밀며 말도 안 된다는 표정을 지었다.

그러자 공부균 선생님은 회중시계 하나를 꺼냈다.

"기다리기 따분하니까 '거꾸로 시계'를 사용해 볼까?"

"그게 뭔데요?"

"시계를 이렇게 돌리면…… 시간이 매우 빠르게 뒤로 돌아가지."

선생님은 우주 먼지가 올려져 있는 키트를 시계 위에 올려놓았다. 순간! 아이들의 눈앞에 검은 공간이 펼쳐졌다.

"우와, 엄청나게 넓은 우주가 생겼어요!"

"자, 우주의 시간을 몇 배로 빨리 거꾸로 가게 만들어야겠어."

공부균 선생님은 회중시계 옆에 있는 버튼을 다-다-다-닥 눌렀다. 그러자 우주는 마치 커다란 풍선에서 바람이 빠지며 작아지는 것처럼 점점 줄어들었다. 또다시 회중시계 옆에 있는 버튼을 다-다-다-닥 누르자 우주의 크기는 반으로, 또 반으로, 또 반으로 휙휙 줄어들었다.

"선생님, 우주가 왜 갑자기 줄어드는 거죠?"

"우주는 우리가 상상할 수 없을 만큼 넓어. 지금도 계속 팽창하고 있으니 앞으로도 계속 넓어지겠지. 그게 무슨 뜻이냐면, 과거에 우주는 그만큼 작았다는 뜻이지."

"앗! 우주가 점점 작아져서 이제는 작은 먼지만큼 작아졌

어.”

부르르르-.

우주 키트가 떨었다.

콰앙!

갑자기 저절로 폭발이 일어났다.

그리고 1초도 안 되는 짧은 시간에 우주는 몇 백만 배로 늘어나기 시작했다.

“우주가 만들어지고 1초 후 원자핵이 만들어지고 3분쯤 지나 핵결합이 끝났다고 하던데, 그 말이 사실이었군. 음, 이런 광경은 나도 처음 보는 거라서!”

공부균 선생님이 머리를 긁적이며 말했다.

“우주가 다 만들어진 건가요?”

아로가 묻자 공부균 선생님이 벗었던 선글라스를 다시 쓰며 말했다.

“아니, 앞으로 몇십만 년이 더 흘러야 원자가 만들어질 거야.”

“원자? 그게 뭔데요?”

아로가 고개를 갸웃하자 혜리가 대신 대답했다.

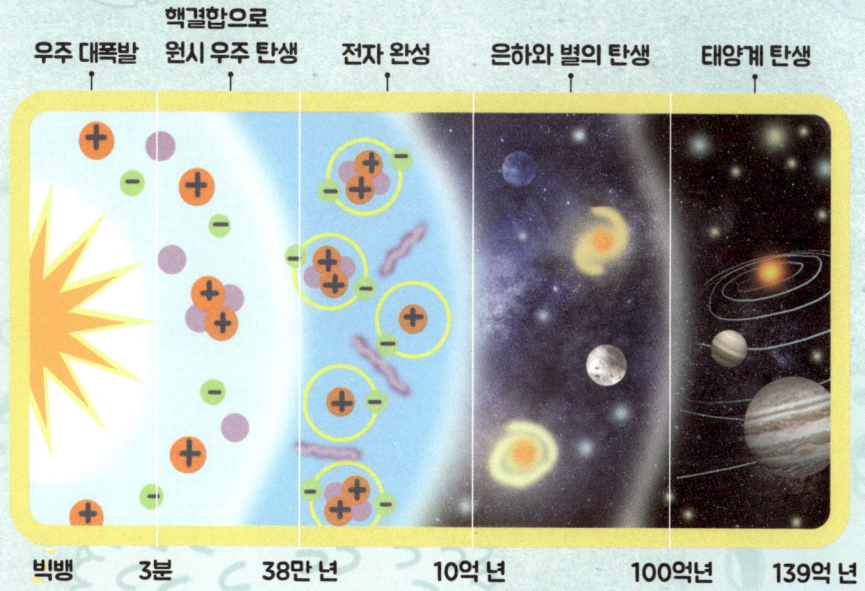

"원자란 물질을 만들 수 있는 가장 작은 단위의 물체야."

"대폭발 후 순식간에 팽창이 이루어지고 원자핵이 만들어졌는데, 원자는 왜 이렇게 오랜 시간이 걸려서 만들어졌어요?"

아로가 묻자 공부균 선생님이 온도계를 보여줬다. 온도계는 이미 가장 끝까지 올라가 있는 상태였다.

"이건 작은 실험용 우주라서 우리가 뜨거움을 느끼지 못하지만. 실제로 대폭발이 일어났을 때는 온도가 너무 높아서 원자가 만들어질 수 없었단다. 어느 정도 기온이 내려가고 나서야 수소 원자와 헬륨 원자가 생겼지."

공부균 선생님은 원자 덕분에 먼지구름이 만들어지게 되었고 그것들이 다시 팽창해서 별이 만들어지기 시작했다는 것을 알려 주었다.

"세상에, 우주의 시작이 아주 작은 점에서부터 시작되었다니!"

"그 점이 무한대로 커져서 우주가 되었다니!"

아로와 건우는 놀라서 입을 쩍 벌릴 때였다. 에디슨이 한숨을 내쉬더니 '야옹' 하고 키트를 발로 툭 걷어찼다.

"왜 그래? 에디슨!"

아로가 소리치자 혜리가 대꾸했다.

"됐고, 당장 먹을 것을 내놓으라는 뜻이야."

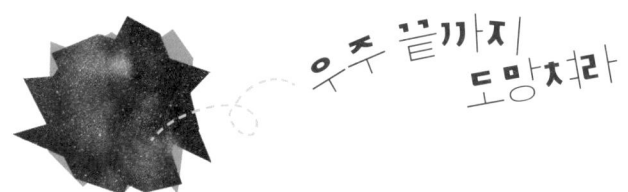

우주 끝까지 도망쳐라

집으로 돌아온 아로는 슬그머니 주머니에서 까만 뭔가를 꺼내 놨다. 그것은 아까 우주를 구경할 때 슬쩍 가져온 물질이었다.

"히히, 이걸 갖고 놀아야지!"

아로가 가져온 건 우주를 온통 까맣게 채우고 있던 냄새도, 소리도 없는 물질이었다.

"이아로, 숙제는 다 했니?"

아로가 까만 물질을 갖고 놀려는데 엄마가 물었다. 아로는 까만 물질을 잠깐 신발장 위에 놓아두고 방으로 들어갔다.

문제는 그때부터였다. 아로는 우주를 채우고 있는 까만 암흑 물질만 가져온 게 아니었다. 우주를 팽창시킬 수 있는 암흑 에너지도 함께 가져왔다는 걸 아로는 알지 못했다.

아로는 엄마의 눈을 피해 놀이터에 갔다. 미끄럼틀 아래

에 몸을 잔뜩 웅크리고 숨어 있을 때였다. 누군가 불쑥 고개를 내밀었다. 건우였다.

"이아로!"

"어쩐 일이야?"

아로가 불쌍한 표정으로 건우를 보았다. 그러자 건우가 쪽지 한 장을 내밀었다.

> 아로아로! 빨리빨리!
> 당장 들어와 숙제해!

"너희 엄마가 이걸 꼭 전해 달라고 하셨어."

엄마의 쪽지를 받은 아로는 차라리 우주 끝까지 도망치는 게 낫겠다고 생각했다.

"이 세상은 너무 좁아. 엄마가 무슨 수를 쓰든 쫓아올 거야. 아, 우주 끝으로 도망치면 아무리 무서운 엄마라도 쫓아오지 못하겠지?"

"우주 끝까진 무슨 수로 가려고?"
"공부균 선생님의 창고에 우리가 창조한 우주가 있잖아!"
아로는 공부균 선생님의 과학교실로 달려갔다. 그 뒤를 건우가 졸졸 따라갔다.

딩동딩동.
현관이 열리며 혜리가 고개를 내밀었다.
"오늘은 수업이 없는데? 무슨 일이야?"
아로는 혜리에게 우주 끝으로 가고 싶다고 말했다. 안 그러면 엄마한테 엄청 엄청 혼나게 될 거라고.
"우주에도 끝이 있을까?"
"시작이 있으니 당연히 끝도 있겠지?"
아로의 말에 혜리가 고개를 갸웃하더니 우주의 끝이 있는지 직접 확인해 보자고 했다.
아이들은 또다시 공부균 선생님의 우주 키트와 거꾸로 시계를 사용했다. 키트에 먼지를 올려놓고 시계를 거꾸로 돌리자 작은 먼지가 팽창하고 팽창하기 시작했다. 끝없는 우주가 만들어진 것이다.

"좋아, 이제 우주 끝까지 가보자!"

"그런데 어떻게 가지? 걸어서 우주 끝까지 갈 수는 없잖아."

"우주선을 타고 가면 되지!"

평소엔 사고 치는 일에 전혀 관심 없던 혜리가 공부균 선생님의 서랍에서 우주선 젤리를 꺼내왔다. 에디슨이 어쩐 일이냐는 듯 고개를 갸웃했다.

"야옹?"

"자자, 빨리 이걸 삼켜! 그러면 몸이 우주선으로 변할 거야."

아이들은 우주선 젤리를 한 알씩 나눠 먹었다. 그러자 아이들의 몸이 우주선으로 변했다.
"누가 먼저 빨리 날아가나 내기하자!"
"좋아, 우주 끝에 먼저 닿는 사람이 승리하는 거야!"
아이들은 누가 먼저랄 것도 없이 쌩하니 우주 끝을 향해 날아갔다. 그 모습을 본 에디슨이 '하암' 하고 늘어지게 하품을 했다.

우주의 끝이 있는지 없는지 지금으로서는 알 길이 없어. 우리는 우주 끝으로 절대 갈 수 없어. 왜냐하면 아무리 빠른 우주선이라도 우주가 팽창하는 속도가 더 빠르기 때문이지.

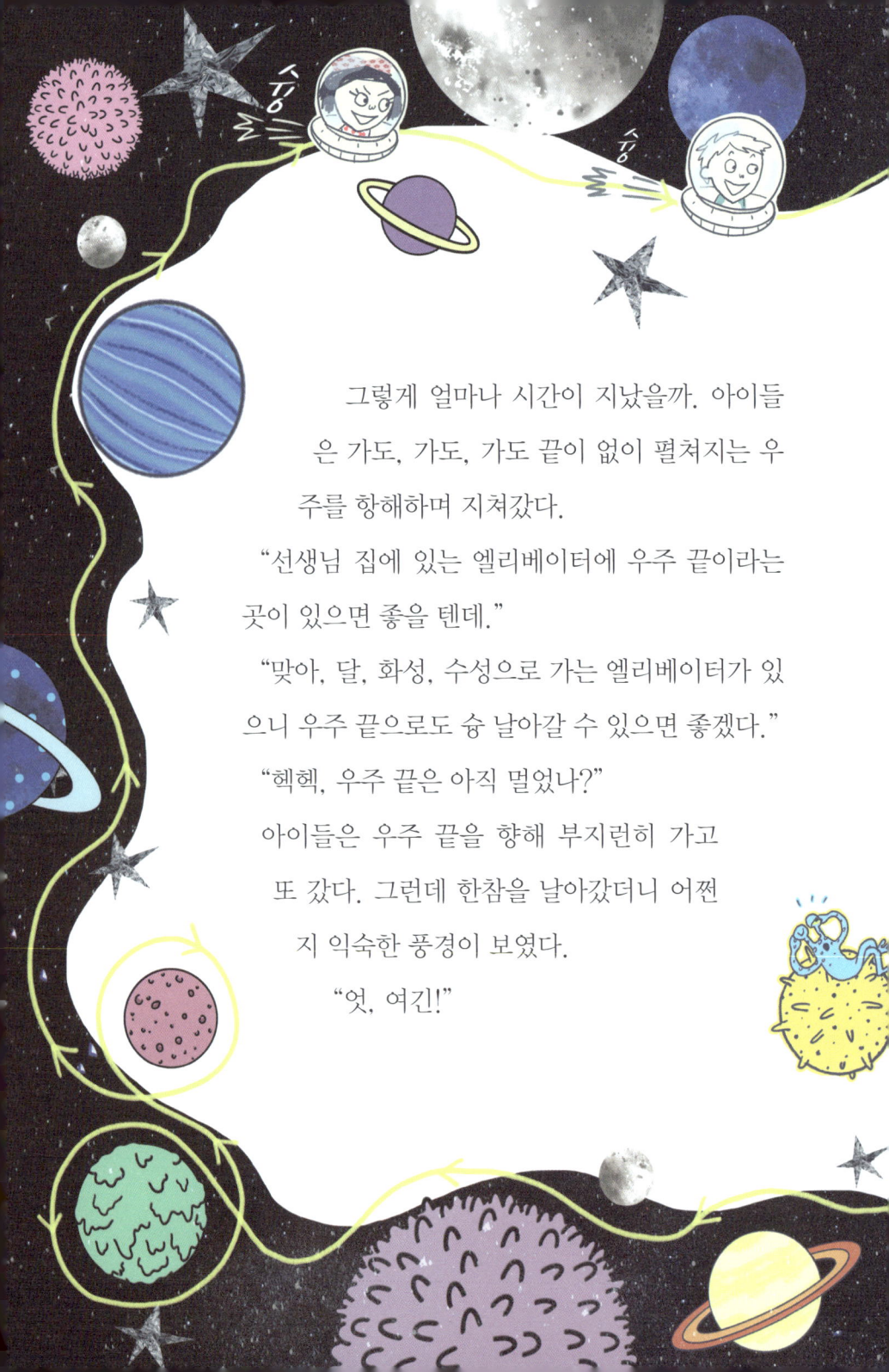

그렇게 얼마나 시간이 지났을까. 아이들은 가도, 가도, 가도 끝이 없이 펼쳐지는 우주를 항해하며 지쳐갔다.

"선생님 집에 있는 엘리베이터에 우주 끝이라는 곳이 있으면 좋을 텐데."

"맞아, 달, 화성, 수성으로 가는 엘리베이터가 있으니 우주 끝으로도 슝 날아갈 수 있으면 좋겠다."

"헥헥, 우주 끝은 아직 멀었나?"

아이들은 우주 끝을 향해 부지런히 가고 또 갔다. 그런데 한참을 날아갔더니 어쩐지 익숙한 풍경이 보였다.

"엇, 여긴!"

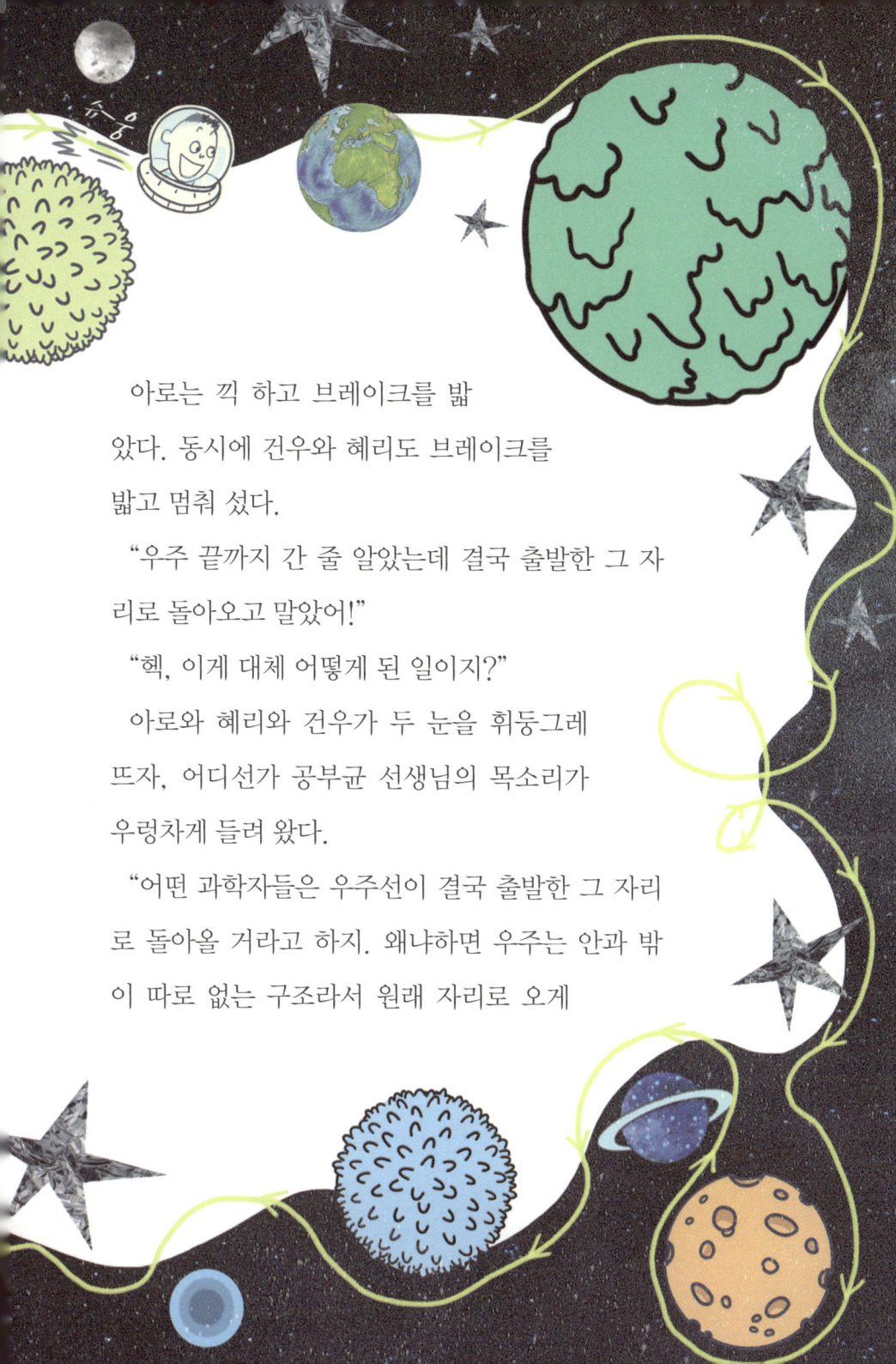

 아로는 끽 하고 브레이크를 밟았다. 동시에 건우와 혜리도 브레이크를 밟고 멈춰 섰다.
 "우주 끝까지 간 줄 알았는데 결국 출발한 그 자리로 돌아오고 말았어!"
 "헥, 이게 대체 어떻게 된 일이지?"
 아로와 혜리와 건우가 두 눈을 휘둥그레 뜨자, 어디선가 공부균 선생님의 목소리가 우렁차게 들려 왔다.
 "어떤 과학자들은 우주선이 결국 출발한 그 자리로 돌아올 거라고 하지. 왜냐하면 우주는 안과 밖이 따로 없는 구조라서 원래 자리로 오게 된다는 거야. 아직 하나의 가설이긴 하지만……."

"헉, 그 말은!"

바로 그때 초인종 소리가 딩동딩동 들려왔다.

"문 열어욧!"

찢어질 듯 사나운 목소리의 주인공은 바로?

아로 엄마였다!

아로가 슬쩍 밖을 내다보니 엄마가 잔뜩 화가 난 얼굴로 서 있는 게 보였다.

"으, 우주 끝까지 도망쳐 봤자 엄마의 손바닥 안이로구나."

아로는 풀 죽은 목소리로 이렇게 중얼거렸다.

아인슈타인의 일반상대성 이론에 따르면, 우주에 존재하는 물질이 공간을 휘어지게 만들어서 우주는 안과 밖이 따로 없는 구조라고 해.

고양이 별의 에디슨

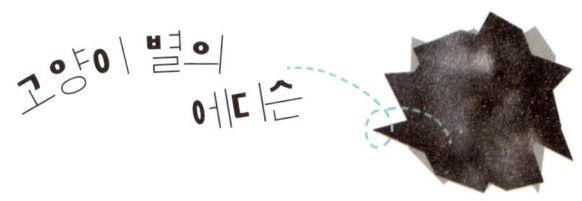

 길을 걷던 아로에게 사람들이 웅성거리는 소리가 들려왔다.
 아로는 귀를 쫑긋하고 대체 무슨 말을 하는 것인지 엿들었다. 사람들 앞에서 춤을 추는 약간 정신 나간 것 같은 아이가 있었다. 자세히 보니 건우였다.
 "예, 나는야 댄싱 머신!"
 소심한 건우가 사람들 앞에서 춤을 추다니! 더 놀라운 건, 건우의 춤 실력! 마치 텔레비전 속의 아이돌이 나타난 것 같았다. 아로는 건우를 향해 소리쳤다.
 "건우야, 언제 이렇게 춤을 배운 거야?"
 그러자 건우는 아로를 보고 두 눈을 끔뻑거렸다. 건우는 마치 난생처음 보는 사람이 말을 걸고 있다는 듯한 표정이었다.
 "나야, 나, 이아로!"

"이아로가 누군데?"

건우가 퉁명스럽게 물었다.

아로는 갑자기 자기를 모르는 척하는 건우가 얄미워졌다.

"흥, 네가 아는 척하지 않으면 나도 굳이 너한테 친한 척 굴고 싶은 생각은 없다고."

아로는 이렇게 말하고는 앞을 향해 쌩하니 걸어갔다. 그런데 끝까지 붙잡지 않는 건우가 너무 야속해 견딜 수가 없었다.

그날 오후 공부균 선생님의 과학교실로 간 아로는 혜리를 보자마자 아까 있었던 일을 주절주절 늘어놓았다.

"무슨 소리야, 건우는 오늘 나랑 쭉 같이 있었는데."

"뭐? 내가 길에서 분명히 건우를 봤다고!"

"정말이야. 건우는 잠시도 과학교실을 떠난 적이 없어."

"마, 말도 안 돼! 난 여기 계속 있었어!"

그때 공부균 선생님이 불쑥 나타났다.

"아로 네가 만난 건 지구에 사는 건우가 아니라, 또 다른 평행 우주에 사는 건우였을지도 모르지."

"평행 우주!"

아로와 건우의 시선이 마주쳤다. 공부왕 교장실의 황금 엘리베이터에서 발견한 또 다른 우주 버튼. 아로는 건우가 지난번 했던 말이 떠올랐다.

"우리가 사는 우주와 똑같은 우주가 여러 개 있다는 평행 우주론이요?"

"평행 우주론은 같은 모습과 같은 시간을 가진 우주가 수없이 많다는 이론이지."

아로는 긴장한 얼굴로 마른침을 꿀꺽 삼키고는 건우의 귀에 비밀스럽게 속삭였다.

"설마 공부왕 교장 선생님도 다른 평행 우주에서 온 게 아닐까?"

다른 은하는 멀리 있어요?

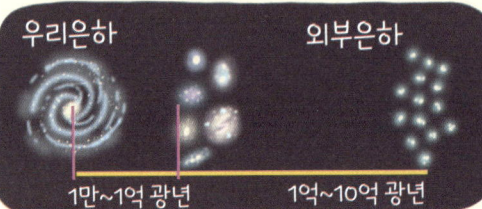

우리은하   외부은하

1만~1억 광년   1억~10억 광년

빛이 1년 동안 날아가는 거리를 광년이라고 하는데 외부 은하들은 수십만에서 수천만 광년씩 떨어진 먼 곳에 있지.

나선형 은하

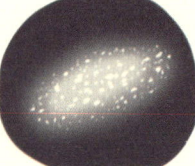
타원형 은하

렌즈형 은하

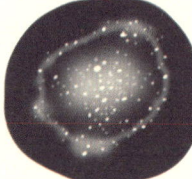
불규칙 은하

은하는 모양에 따라 나선형 은하, 타원형 은하, 렌즈형 은하, 불규칙 은하 등으로 나뉜단다.

우리가 사는 은하는 어떤 거예요?

우리 은하는 멀리서 보면 가운데가 볼록 튀어나온 나선 모양으로 생겼다고 해서 나선형 은하에 속한다고 하지.

"나를 빼놓고 무슨 말을 속닥거리는 거야?"

혜리가 팔짱을 끼며 찌릿 노려봤다.

"하지만 평행 우주론은 증명되지 않았단다. 아직은 하나의 가설에 불과하지. 우주는 참으로 신비하단다."

"우와, 다른 은하라니? 직접 보고 싶어요!"

아이들은 공부균 선생님께 은하를 직접 보고 싶다고 했다.

"좋아, 설탕 맛 은하 가루를 뿌리면 다른 은하를 구경할 수 있게 될 거란다."

공부균 선생님은 작은 봉지를 하나 들고 오더니 까만 커튼 위에 살살 흩뿌렸다. 그 순간 까만 커튼은 우주 공간이 되고 하얀 설탕 맛 은하 가루들은 수많은 별로 바뀌었다.

"우와, 이 많은 것들이 다 우주를 이루는 은하라니, 정말 놀라워요!"

아로가 두 눈을 휘둥그레 뜨며 물었다.

"이 수많은 은하 속에는 지구처럼 생명체가 살아가는 곳도 있겠네요?"

건우도 똘망똘망 눈을 빛내며 물었다.

"지구처럼 생명체가 사는 환경을 갖추려면 공기와 물, 땅 같은 것들이 필요하지. 게다가 별의 위성 중 하나여야 하고, 지구처럼 별에서 너무 멀지도 가깝지도 않아야 해."

"으, 조건이 너무 많은데?"

혜리가 팔짱을 끼며 말했다.

"하지만 이렇게 많은 은하 속에 지구와 똑같은 환경의 행성 하나쯤은 있을 것 같지 않아?"

아로와 건우, 혜리는 생명체가 사는 행성을 찾아보고 싶다고 했다. 그러자 공부균 선생님이 말발굽 자석 하나를 내밀었다.

"이건 생명체를 보면 끌어당기는 생명 자석이란다."

"와! 이걸로 은하를 탐색하다 보면 생명체를 만날 수 있겠네요!"

그때 자석이 무언가에 반응한 듯했다. 아로와 건우, 혜리, 그리고 공부균 선생님은 자석의 힘에 이끌려 가게 되었다.

"헉!"

"여긴 대체 어디지?"

아이들과 공부균 선생님이 도착한 곳은 지구처럼 풀도 있고 강도 있고 바다도 있는 특별한 별이었다.

"여기 이 별에도 과연 사람이 살고 있을까?"

아로가 주위를 두리번거릴 때였다. 어디서 낯익은 모습을 한 고양이 한 마리가 불쑥 튀어나왔다.

"너희는 누구냐?"

고양이가 아주 자연스럽게 아로와 아이들을 향해 물었다.

"엇, 에디슨!"

그 고양이는 바로 먹보 에디슨을 똑 닮았다. 아이들은 에디슨을 향해 반갑게 소리쳤다. 하지만 에디슨은 아이들이 누군지 모르는 눈치였다.

"에디슨, 자꾸 이러면 당분간 츄르 간식은 안 줄 거야."

혜리가 주머니 속에 있던 츄르를 꺼내 에디슨을 향해 흔들면서 말했다. 그러자 갑자기 수백, 수천 마리의 에디슨들이 튀어나와 서로 츄르를 먹겠다며 야옹거렸다.

"헉, 여긴 에디슨의 별인가 봐!"

에디슨들은 혜리의 손에 있는 츄르를 향해 맹렬하게 쫓아왔다. 당황한 혜리와 아로, 건우는 다시 우주선 젤리를 먹고 도망치기 시작했다.

"휴, 다른 은하를 찾는 건 당분간 멈춰야겠어."

"좋은 생각이야!"

간신히 과학교실로 돌아온 아로와 혜리, 건우는 식탁 위에 앉아 발바닥을 핥고 있는 에디슨을 보자 어쩐지 반가웠다.

"그런데 공부균 선생님은 어디 계신 거지?"

"앗, 아빠한테는 우주선 젤리를 주지 않았어!"

"뭐라고? 어떡해!"

우주로 과학교실

공부균 선생님의 과학교실에는 절대절대 눌러서는 안 되는 엘리베이터 버튼이 있다.

특히 '집, 교실, 땅, 물, 하늘, E'라는 6개의 버튼이 달린 엘리베이터는 과학교실을 어디든 이동시켜 준다. 물론 공부균 선생님은 선생님의 허락 없이는 절대 절대 그 버튼을 눌러서는 안 된다고 신신당부하셨는데, 아로는 얼마 전에 '정거장'이라는 버튼이 새로 생긴 것을 발견했다.

'새로운 것을 보고 눌러보지 않으면 이아로가 아니지!'

아로는 과감하게 정거장 버튼을 쿡 눌렀다.

부르르르-

지진이 난 것처럼 집 전체가 흔들렸다. 그와 동시에 공부균 선생님의 집이 마치 달나라로 발사된 로켓처럼 변하더니 하늘로 붕 떠올랐다. 창밖으로 파란 하늘이 펼쳐지기 시작했다.

"으악!"

"누가 버튼을 누른 거야!"

과학교실에 있던 혜리와 건우, 에디슨이 소리를 내질렀다. 그 사이 로켓으로 변한 과학교실이 까만 우주까지 날아갔다.

"우와와와와아아아! 집, 집 버튼!"

아로는 손잡이를 꽉 붙잡고 엘리베이터에 있는 집 버튼을 찾았다. 지난번에는 난간을 제대로 붙잡지 않은 탓에 곶감처럼 창문에 대롱대롱 매달렸던 적이 있어서 이번엔 있는 힘을 다해 잡았다.

그런데 집 버튼을 누르려는 순간, 어디선가 이상한 기계음이 들려왔다.

윙-치키, 윙-치키, 윙-치키.

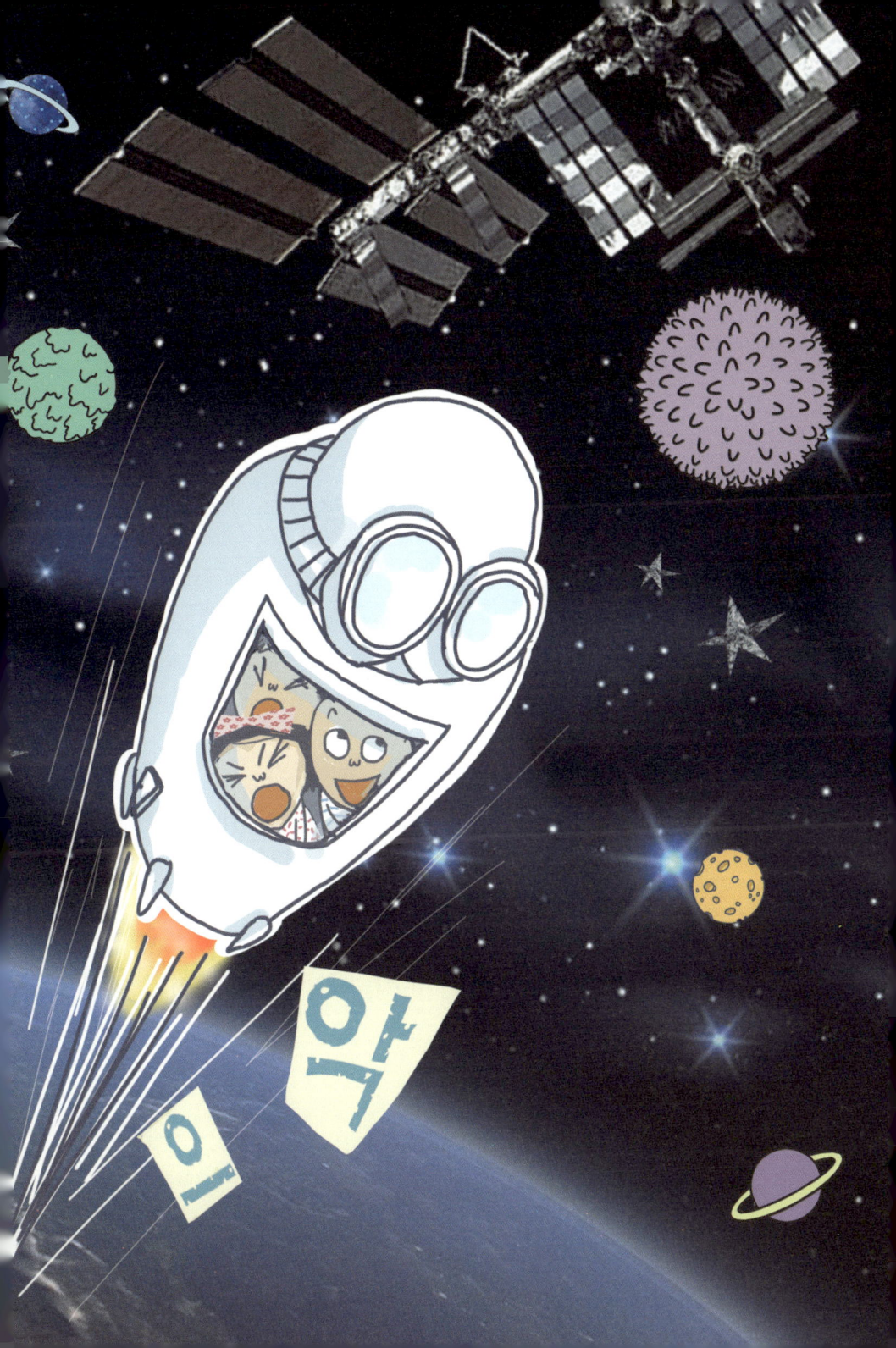

그것은 마치 로봇이 변신하는 소리 같았다. 아로는 엘리베이터 벽에 귀를 갖다 댔다. 과학교실이 어딘가와 결합하기 시작했다.

"엇, 여긴 어디지?"

혜리와 건우도 뭔가 이상하다는 듯 목을 쭉 빼고 주변을 두리번거렸다. 엘리베이터에서 나온 아로는 현관을 살짝 열어보기로 했다.

"하나, 둘, 셋!"

셋을 외치며 문을 여는 순간!

아로의 몸이 둥실둥실! 혜리도, 건우도, 에디슨도 풍선처럼 공중으로 떠올랐다.

"엇, 여긴 어디지?"

아이들은 허공을 허우적거리며 주위를 살폈다. 그러자 공부균 선생님이 공중에 누운 채로 마치 헤엄을 치듯 다리를 벌렸다 오므렸다 하며 날아왔다.

"여긴 우주 정거장이란다. 우주를 관찰하고 여러 가지 실험을 하는 곳이지. 역시 오늘도 절대 누르지 말라는 버튼을 아로가 눌렀나 보군."

"죄, 죄송해요. 절대 누르지 말라고 하지 않으셨으면 안 눌렀을 텐데…….."

아로가 말도 안 되는 변명을 늘어놓았다.

"몸이 둥둥 떠다니는 건 우주에는 중력이 없기 때문이야. 우주는 무중력 상태거든."

덜컹, 누군가 문을 열고 나타났다. 갑자기 나타난 사람을 보고 아이들은 두 눈을 휘둥그레 떴다.

"여기는 국제우주정거장입니다. 엘리베이터를 타고 이곳에 도킹한 우주인은 처음이군요."

"후유, 다행이다. 우주정거장이라니! 어서 구경시켜 주세요!"

"유후, 국제우주정거장 안을 구경시켜 주세요!"

아이들은 우주인한테 졸랐다.

"그래, 절대 들어가면 안 되는 곳만 빼고."

국제우주정거장 안은 신기한 곳이 많았다.

기압이 일정하게 유지되는 실험실도 있었고, 화장실, 샤워실, 식당 등 우주인이 생활하는데 필요한 공간도 있었다.

"엇, 여긴 어디지?"

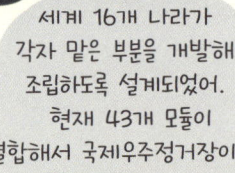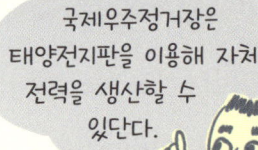

아로는 자물쇠가 걸려 있는 비밀스러운 방을 보고 고개를 갸웃했다. 입구에는 '절대 문을 열지 마시오'라는 붉은 글씨가 쓰여 있었다.

아로가 멈칫하는 사이 아이들과 에디슨, 공부균 선생님은 우주인을 따라 다른 모듈로 이동하고 있었다. 아로는 궁금증을 참을 수가 없었다.

'문을 열지 말라고 하니까, 자꾸 내 손이 문을 향해 가네. 이건 내가 아니라, 내 손이 그러는 거야.'

아로는 슬쩍 자물쇠를 비틀어 보았다. 덜컹, 소리가 나며 문이 열렸다.

아로는 눈치를 살피다가 살금살금 문을 열고 들어갔다. 그러자 싱그러운 풀밭이 나타났다.

'우주에 웬 풀밭이지?'

신기한 건 풀밭뿐만이 아니었다. 고추랑 상추도 보이고, 이름 모를 어여쁜 꽃들도 있었다.

"우와!"

아로는 푸릇푸릇한 색깔의 고추 하나를 똑 땄다. 바로 그 순간, 거대한 우주 괴물이 꿈틀꿈틀 땅속에서 모습을 드러

냈다.

"끄아악!"

우주 괴물이 동그란 입을 쩍 벌리더니 아로를 공격하려 했다. 놀란 아로는 허겁지겁 문이 있는 쪽을 향해 달렸다. 문이 열린 걸 이상하게 생각한 우주인이 고개를 갸웃하더니 다시 자물쇠를 잠그는 모습이 보였다.

"안-돼-에!"

아로는 문 앞에서 철푸덕 쓰러지고 말았다. 그 사이 아로를 쫓아온 우주 괴물이 무시무시한 입을 쩍 벌렸다. 우주 괴물은 당장이라

도 아로를 아작아작 씹어 먹으려는 것 같았다.

"나, 나 대신 이걸 먹으면 안 될까?"

아로는 우주 괴물의 입에 고추를 밀어 넣었다. 우주 괴물이 갑자기 꿈틀거리더니 온몸을 베베 꼬기 시작했다.

"왜, 왜 저러는 거지?"

꾸에엑!

우주 괴물은 그 자리에 풀썩 쓰러져 버렸다.

그때 우주 정거장을 관리하는 우주인이 부랴부랴 달려왔다.

"너, 찰스한테 뭘 먹인 거니?"

"차, 찰스요?"

"우리 우주인들의 애완 지렁이 이름이 찰스란다."

"지렁이였다고요? 맙소사! 저를 잡아먹으려는 줄 알고 대신 고추를 먹였어요."

"크억!"

우주인이 순간 '띠용' 하고 깜짝 놀라는 표정을 지었다.

"왜 그러세요?"

"우주에서 자라는 고추는 지구에서 자란 고추보다 몇십

55

배는 더 매워."

"헉, 찰스는 매운 걸 잘 못 먹는 지렁인가 봐요."

아로가 머리를 긁적이자 찰스가 콜록콜록 기침했다. 우주인은 찰스에게 달려가 등을 어루만졌다.

"차알스, 괜찮니?"

우주인이 찰스를 돌보는 동안 아로는 아이들에게 서둘러 과학교실로 돌아가자고 했다. 아로는 우주 정거장도 재미있지만, 그보다 지구에 있는 과학교실이 더 재미있다고 생각했다.

실제로 우주 정거장에는 우주 괴물은 없지만, 우주 동물은 있어. 거미가 중력이 없어도 거미줄을 치는지, 우주에서 낳은 바퀴벌레 알이 지구에서도 부화하는지 등을 실험했지.

우주에서 온 택배

"이게 뭐지?"

엄마가 택배 상자를 들고 들어오며 고개를 갸웃했다. 아로는 누가 보낸 택배냐고 물었다. 엄마는 택배 상자를 한참 들여다보더니 보낸 사람이 '찰스 아빠'라고 말했다.

"엇, 내 거야!"

아로는 상자를 휙 낚아채 방으로 뛰어 들어갔다. 우주인이 보낸 택배라니, 우주에서 뭔가 특별한 것이 왔을 것 같다는 생각이 들었던 것이다. 아로는 두근두근 설레는 맘으로 택배 상자를 열었다.

상자 속에는 통 하나가 들어 있었다.

"이게 뭐지?"

아로가 통의 뚜껑을 열자 비눗방울이 뽕뽕뽕 나오기 시작했다. 그때 엄마가 문을 열더니 '힉!' 하고 두 눈을 휘둥그래 떴다.

"세상에, 비눗방울을 집 안에서 불었어?"

"아, 아니!"

아로는 뚜껑을 열었더니 저절로 비눗방울이 나온 거라고 했다. 아로는 마른걸레로 여기저기를 벅벅 대청소하듯 닦아야만 했다.

이튿날, 아로는 과학교실을 찾아갔다. 아로는 시큰둥한 표정으로 의자에 앉았다. 그 모습을 본 혜리가 갸우뚱하며 물었다.

"이아로, 어디 아파?"

"어제 여기저기 걸레질을 하느라 어깨도 뭉치고 허리도 삐걱삐걱하는 것 같아."

"걸레질했다고? 네가?"

혜리는 도저히 못 믿겠다는 표정이었다.

"네가 엄마 일을 도와드린 건 아닐 테고, 말썽을 부리다 뭔가 엎질렀거나 쏟은 거겠지."

건우도 끼어들었다.

"아니, 우주인 아저씨가 보낸 택배 속에 든 비눗방울 때문에…… 가만 생각하니 더 열 받네!"

그때 공부균 선생님이 들어왔다.

"아로야, 왜 그런 표정이니?"

아로는 자초지종을 설명했다. 그러자 공부균 선생님이 빙그레 미소를 지었다.

"우주인 아저씨는 비눗방울 공놀이를 해주고 싶었나 보다."

"에이, 비눗방울로 어떻게 공놀이를 해요?"

"우주에선 할 수 있단다."

공부균 선생님은 서랍을 뒤적거리더니 리모컨 하나를 꺼냈다. 그 리모컨은 '우주 모드'라는 버튼이 있었다.

"자, 이 공간을 우주로 만들어 볼까?"

공부균 선생님이 버튼을 꾹 누르자 중력이 사라지고 모든 것이 둥둥 떠오르기 시작했다. 아로가 수영하듯 앞으로 나가 가방 속에 든 통을 꺼내자 비눗방울들이 몽글몽글 솟구치기 시작했다. 그런데 특이하게도 무중력 상태일 때 비눗방울은 톡 하고 건드려도 터지지 않았다. 마치 투명한 공처럼 둥둥 떠 있기만 했다.

"이게 왜 안 터지는 거지?"

"우주에서는 비눗방울이 터지지 않아. 비눗방울에 작용하는 중력이 없기 때문이지."

공부균 선생님은 후, 하고 비눗방울을 아이들에게 불고서는 설명했다.

"우주에서 비눗방울을 불면 비눗물의 표면 장력만 작용하게 된단다."

"표면 장력? 그게 뭔데요?"

혜리가 물었다.

"액체의 표면을 작게 하려는 힘이지."

"액체의 표면?"

혜리가 잘 모르겠다는 듯 고개를 갸우뚱했다.

"좀 어려운가? 잘 들어보렴. 실제로 중국 우주정거장에서 비눗방울 실험을 했지. 지구에서는 비눗방울을 불었을 때 비눗물이 비눗방울을 타고 흐르게 되지. 하지만 우주에선 중력이 거의 작용하지 않아서 표면 장력만 작용 하거든. 그래서 비눗물이 흘러내리지 않아서 터지지 않는 거란다."

"오호, 신기하다! 우주에선 거품이 터지지 않는 거로군요!"

건우가 감탄했다.

"우주에서 사이다를 먹으면 사이다 거품이 터지지 않고 데굴데굴 굴러다니겠네!"

아로가 엉뚱한 상상을 했다.

"아, 먹어보고 싶다!"

"나도!"

"야오옹!"

건우와 혜리가 군침을 삼켰다.

우주복 패션쇼

공부균 선생님이 콧노래를 부르며 창고를 정리하고 있었다. 학교가 끝나자마자 곧장 달려온 아로와 건우는 공부균 선생님께 무얼 하는 거냐고 물었다.

"오랜만에 안 입는 옷을 정리 중이란다."

"아!"

"햇볕도 아주 좋으니 옷을 깨끗하게 빨아서 널어 두어야지."

공부균 선생님은 낡은 상자 속에 들어 있는 옷들을 하나하나 꺼냈다. 그때 아로가 이상한 옷을 발견했다.

둥그런 헬멧과 몸체, 장갑, 그리고 알 수 없는 장치들이 덕지덕지 붙어 있는 것이었다.

"이건 뭐예요?"

"오호라, 이게 여기 있었군! 이건 우주복이란다. 내가 아주 젊었을 때 입었던 거지."

"에이, 선생님 것이 확실해요? 사이즈가 너무 작아 보이는데?"

건우가 믿을 수 없다며 혀를 쑥 내밀었다. 그러자 공부균 선생님이 뽀글뽀글한 곱슬머리를 뒤로 넘기며 말했다.

"이래 봬도 내가 옛날엔 군살 하나 없이 날씬했어."

"이 옷, 제가 입어 봐도 돼요?"

아로는 우주복을 호기심 어린 표정으로 바라보았다. 공부균 선생님은 입고 싶다면 입어보아도 좋다고 말했다.

"그런데 이 헬멧도 같이 써야 하는 건가요?"

"우주 환경은 지구와 전혀 다르단다. 우주복은 사람이 우주에서도 생활할 수 있도록 해 주는 특수한 장치들을 모두 달아둔 거란다."

아로는 낑낑거리며 우주복을 입어 보았다. 그런데 옷이 너무 두꺼워서 팔을 들어올리는 것조차 힘들었다.

"윽, 무슨 옷이 이렇게 두껍지?"

"우주는 지구랑 다르다고 얘기했잖니. 지구는 대기층이 감싸고 있어서 사람에게 해로운 빛은 차단해주고, 먼지나 방사능도 못 들어오게 막아주지. 하지만 우주는 달라. 우주는 뜨거운 태양열이 그대로 전달되고 우주 먼지나 방사능도 둥둥 떠다니지."

공부균 선생님은 그런 우주에서 사람의 연약한 피부를 지키려면 이 정도 두꺼운 옷을 입어 줘야 한다고 말했다.

"윽, 이걸 입고 있으니까 너무 더워요!"

"우주는 태양이 비칠 때 아주 높은 온도로 올라갔다가 태양이 비추지 않으면 빠른 속도로 기온이 내려간단다. 낮과 밤의 기온 차가 몇 백 도씩 나지."

"헉!"

"그걸 견디기 위해 그렇게 두껍고 더운 옷을 만든 거야."

아로가 우주복을 입고 뒤뚱거릴 때였다. 공부균 선생님은 집으로 돌아가 상자를 가져와야겠다고 했다. 건우도 선생님을 돕겠다며 따라 들어갔다. 아로는 우주복을 입은 상태라 걸음조차 마음대로 걸을 수가 없었다.

"으윽, 이걸 벗고 싶어!"

아로가 옷을 벗으려고 허둥거릴 때였다. 하늘 저편에서 이글이글 불타는 뭔가가 창고 쪽으로 날아왔다.

"콰—쾅!"

눈 깜짝할 사이에 이글이글 불타는 뭔가가 창고 위로 떨어졌다. 그것은 우주를 떠다니던 행성의 우주 정거장의 부품 중 하나였다. 대기권을 통과하며 부품에 불이 붙은 것이다.

"헉, 이게 무슨 일이야!"

놀란 공부균 선생님과 건우, 혜리와 에디슨이 밖으로 뛰어나왔다. 창고는 새카맣게 타버려서 재만 남은 상태였다.

"아로는 어디 갔지?"

"서, 설마!"

놀란 건우가 자리에 풀썩 주저앉았다. 혜리도 어떡하냐며 눈물을 글썽였다. 그때 에디슨이 앞발로 까만 잿더미를 파헤치기 시작했다.

"에디슨, 뭐하는 거야!"

"냐옹!"

에디슨이 발견한 건 아로가 입고 있던 우주복이었다. 공부균 선생님이 재빨리 우주복을 잡아당기자 그 안에 있던 아로가 고개를 쑥 내밀었다.

"휴, 이건 다 좋은데 너무 무겁다는 게 단점이에요."

"이아로, 괜찮아?"

"왜? 무슨 일이 있었어?"

아로는 우주복을 입은 채 걸음을 걷다가 앞으로 쾅 하고 넘어졌고, 다시 일어나지 못해 버둥거리고 있었다고 했다.

"우주복이 정말 튼튼하긴 하구나."

"그럼, 지구 환경이 전혀 다른 우주에서도 우리 몸을 지켜주는 것이잖니."

아로는 여전히 무슨 일이 벌어졌는지 모른 채 눈을 말똥거렸다.

"옷이 몽땅 타 버려서 정리할 필요가 없어졌구나."

공부균 선생님은 허허허, 허탈하게 웃었다. 아로는 위로하듯 말했다.

"괜찮아요. 앞으로 우주복만 입고 다니시면 되잖아요."

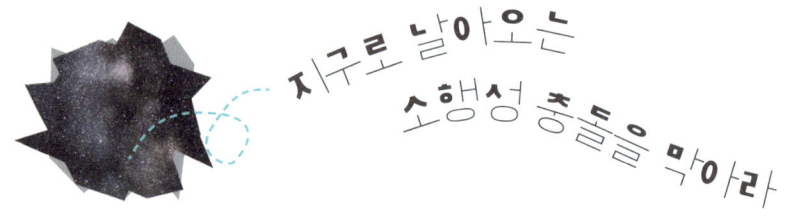

지구로 날아오는 소행성 충돌을 막아라

비상 상황을 알리는 경보음이 요란하게 울렸다.

막 과학교실로 들어선 아로와 건우, 혜리는 다급한 표정의 공부균 선생님을 보고 눈을 휘둥그레 뜨며 물었다.

"무슨 일이 생긴 거예요?"

"갑자기 왜 비상 경보음이 울리는 거죠?"

공부균 선생님은 모니터를 들여다보더니 심각한 표정으로 말했다.

"소행성이 지구와 충돌할 위기에 있다는구나."

"그럼 어떻게 되는데요?"

"최악의 상황이라면 인류가 멸종될 수도 있겠지."

"에?"

아로와 건우, 혜리, 에디슨은 동시에 입을 쩍 벌렸다.

"아빠, 무슨 수든 써야 하는 거 아니에요?"

"어떡해요!"

공부균 선생님은 모니터를 바라보며 심각한 표정을 지었다.

"현재 미국 텍사스주 크기의 소행성이 시속 2만 3,000마일 속도로 지구로 돌진하고 있어. 이걸 막으려면……."

"방법이 없나요?"

아로가 울먹이며 묻자 건우는 가슴에 십자가를 그리며 "으엉엉!" 하고 울음을 터트렸다. 에디슨도 마지막이 될지 모른다는 생각 때문인지 부랴부랴 사료를 먹기 시작했다.

"아니, 방법이 한 가지 있긴 해."

"그게 뭔데요?"

공부균 선생님이 머리를 긁적이더니 '끙' 하고 신음하며 물었다.

"너희들 중에 누가 제일 야구를 잘하니?"

"아로요!"

건우와 혜리가 동시에 대답했다.

"좋아, 그럼 방법은 딱 하나, 아로가 우주 야구 방망이로 소행성을 멀리 쳐내는 수밖에 없어. 소행성을 야구공이라고 생각하렴."

"저, 저는 투순데요. 저는 야구공 던지는 걸 잘한단 말이에요!"

"지금 그런 걸 따질 때가 아니야."

공부균 선생님은 우주복을 입고 얼른 지구 밖으로 나가

야 한다고 했다. 아로는 전 인류의 생명이 자신의 손에 달렸다고 생각하니 어쩐지 긴장됐다.

"제가 뭘 어떻게 하면 되나요?"

아로가 결심한 듯 묻자 공부균 선생님은 특수 우주복과 특수 야구 방망이를 내밀었다.

"이걸 입고, 이 방망이로 행성이 날아올 때까지 기다렸다가 있는 힘껏 치는 거야. 이 우주 야구 방망이는 우주로 나가면 손오공의 여의봉처럼 엄청나게 커지면서 파워가 세진단다."

"실패하면요?"

"과거 공룡들이 멸종했던 것처럼 인류도 멸망하게 되겠지."

공부균 선생님은 과거 공룡들이 멸종하게 된 이유가 지름 10km의 소행성이 충돌한 탓일 가능성이 크다고 했다.

"아로야, 넌 할 수 있어!"

"제발 성공해줘!"

건우와 혜리도, 에디슨도 간절한 눈빛으로 아로를 보았다. 아로는 한번 용기를 내보겠다며 우주복을 주섬주섬 입기 시작했다. 그러자 공부균 선생님은 아로를 특수 엘리베이터로 안내했다.

"여기 있는 '우주' 버튼을 누르면 엘리베이터가 우주까지 슝 나가게 될 거란다."

"와!"

"우주 공간에 가거든 두 눈을 부릅뜨고 있다가 방망이로 행성을 쳐내는 거야. 할 수 있겠니?"

"해 볼게요!"

아로가 두 주먹을 굳게 움켜쥐었다. 그리고 엘리베이터를 타고 우주 버튼을 눌렀다.

"와! 내가 성공했어!"

아로가 자리에서 벌떡 일어서며 소리쳤다. 그러자 선생님과 아이들이 일제히 아로를 쳐다보았다.

"이아로, 무슨 일이지?"

"제, 제가 방금 우주로 나가 충돌 직전인 소행성을 쳐냈어요."

"그래?"

아로는 주위를 두리번거렸다. 주변엔 소행성도 없었고 거대한 야구 방망이도 없었고, 우주복도 보이지 않았다.

"이아로, 앉아, 얼른!"

건우가 소곤거렸다.

"야, 입가에 침 묻었어."

혜리도 한심하다는 표정으로 말했다.

"어, 꿈인가?"

아로가 머리를 긁적거리자 선생님이 말했다.

"네 말대로 소행성이 지구와 충돌할 가능성은 있지. 지난 2013년에는 러시아 첼리아빈스크에 소행성에서 떨어져 나온 운석들이 쏟아지는 바람에 건물 수천 채가 파괴되었다고 해. 하지만 걱정하지 마. 열심히 공부한 나사의 과학자들이 지구로 돌진하는 소행성의 방향을 바꾸는 방법을 연구 중이니까. 소행성 요격 미사일이나 우주선을 발사해서 산산조각 내는 시험을 준비 중이야."

"아!"

아로는 머리를 긁적이며 자리에 도로 앉았다.

'이상하다, 꿈 치곤 정말 생생했는데!'

아로는 자리에 앉아 물끄러미 손바닥을 바라보았다. 분명 아로의 손바닥에는 야구 방망이를 세게 움켜쥘 때 생긴 자국이 남아 있었기 때문이다.

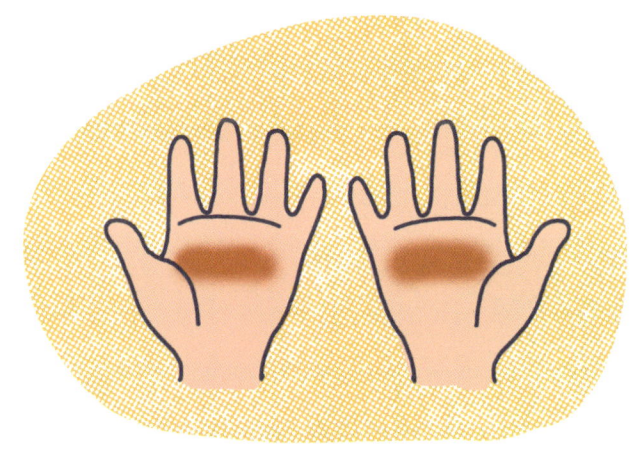

달콤한 행성 사탕은 먹으면 큰일 나요

"자, 그러면 이제 슬슬 만들어 볼까?"

공부균 선생님이 짱구 머리를 벅벅 긁으며 말했다. 아로와 건우는 반짝거리는 눈동자로 공부균 선생님을 바라봤다. 마치 놀이기구 앞에 줄을 선 아이들 같았다.

공부균 선생님은 이상하고 쿰쿰한 냄새가 나는 각종 색깔의 가루들과 설탕, 꿀, 물엿을 꺼냈다.

"뭘 만드시려고요?"

"설마 독약을 만들려는 건 아니죠?"

"아! 알겠다! 설탕이랑 물엿이 있는 걸 보니까 설탕물엿을 만드시려는 거죠?"

아이들이 차례대로 물었다. 그러자 공부균 선생님이 짱구 머리를 긁적이더니 씨익 웃었다.

"쉿, 비밀!"

공부균 선생님은 먼저 빨간색 가루와 물을 섞어 동그란 볼을 하나 만들었다. 그리고 파란색 가루와 하얀색 가루, 황토색 가루를 섞더니 열심히 휘휘 저었다. 그리고 찐득찐득한 설탕과 꿀, 물엿을 듬뿍듬뿍 집어넣었다. 그러자 어디서 많이 본 모습의 탱탱볼 같은 것이 만들어졌다.

아로는 고개를 갸웃했다.

"엇, 이거 어디서 많이 보던 건데!"

"알았다! 이건 지구야, 지구!"

아이들은 정답을 맞혔는지 궁금하다는 표정으로 공부균 선생님을 보았다. 공부균 선생님은 어쩔 수 없다는 듯 고개를 끄덕이며 말했다.

"딩동댕, 이건 지구 모양 사탕이란다."

"사탕이라고요?"

아로랑 건우는 호기심이 생겨 견딜 수가 없었다. 공부균 선생님이 만든 사탕은 어떤 맛일까, 저걸 먹으면 어떻게 변하는지 궁금했다.

"어허, 함부로 먹으면 큰일 난다."

공부균 선생님은 경고하듯 말했다.

"피!"

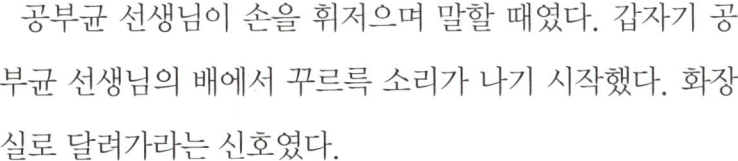

"한 번만 먹게 해 줘요!"

"아직은 실험 중이라 안 돼."

공부균 선생님이 손을 휘저으며 말할 때였다. 갑자기 공부균 선생님의 배에서 꾸르륵 소리가 나기 시작했다. 화장실로 달려가라는 신호였다.

"절, 대, 만, 지, 지, 마!"

공부균 선생님은 엉덩이에 힘을 꽉 주고 뒤뚱뒤뚱 화장실로 향해 갔다.

"절대 만지라고요?"

아로가 재빨리 지구 모양 사탕을 입에 넣었다.

와드득!

아로가 한쪽 어금니로 사탕을 깨물자 사탕이 다른 쪽으로 삐죽 움직였다. 또 다른 쪽 이빨로 사탕을 꽉 깨물었더니 고무처럼 씹히기는 하지만 먹을 수가 없었다.

"웅, 잉경, 사탕이 아닝랑 엉청엉청 쿵 젱링같앙!"

아로가 질겅질겅 지구 모양 사탕을 씹으며 말했다.

"엑, 엄청 달콤할 줄 알았는데 고무 맛밖에 안 나!"

아로는 꾹 참고 지구 모양 사탕을 쪽쪽 빨아 보았다. 그러자 사탕에서 단맛이 나기 시작했다.

"야, 너! 설마 이 사탕을 먹은 거야?"

뒤늦게 아로를 발견한 혜리가 두 눈을 휘둥그레 떴다.

건우는 시치미를 뚝 뗐다.

"난 먹지 말라고 말렸어. 하지만 너도 알잖니, 이아로가 내 말을 들을 리가 없지."

"흠!"

그 사이 에디슨이 책상 위에 놓인 빨간색 볼을 입에 쏙 집어넣었다. 그러자 에디슨의 몸이 불덩이처럼 빨갛게 달아올랐다.

"에디슨, 괜찮아?"

혜리가 에디슨을 쓰다듬으려 했지만, 너무 뜨거워서 가까이 가기도 힘들었다. 그런데 아로가 에디슨을 보자마자 갑자기 주변을 빙글빙글 돌기 시작했다.

"정신 사납게 왜 이래!"

"그만 좀 돌아!"

"야옹!"

에디슨이 아로를 피해 구석으로 가자 아로는 그 앞에 가서 빙글빙글 돌기 시작했다. 아로는 에디슨이 소파에 앉자 소파 주위를 또 빙글빙글 돌기 시작했고, 에디슨이 실험실 책상 위로 올라가자 그 주위를 빙글빙글 돌았다.

"그만 돌아, 어지럽다고!"

혜리가 빽 소리를 질렀다.

"나도 그리고 싶은데 그럴 수가 없어!"

"왜?"

"몰라, 자꾸만 에디슨 주변을 돌고 싶어져."

"절대 만지지 않았겠지?"

공부균 선생님이 한결 시원한 표정으로 걸어 나왔다. 아로는 비명을 지르며 빨갛게 불타오르는 에디슨 주변을 빙글빙글 규칙적으로 돌았다. 휴, 모든 상황이 짐작이 간 듯 공부균 선생님은 한숨을 내쉬었다.

"쟤들이 왜 저러는 거죠, 선생님?"

"에디슨은 태양 사탕을 먹은 덕분에 태양이 되었고 아로는 지구 사탕을 먹은 덕분에 지구랑 똑같은 행동을 하게 되었구나."

"그 말은 아로가 영원히 에디슨 주변을 뱅글뱅글 돈다는 뜻이겠네요?"

"그렇지."

"일단 에디슨의 배 속에 있는 태양 사탕을 꺼내야겠어."

혜리는 서랍에서 뭔가를 찾아오더니 옷장에서 보호복을

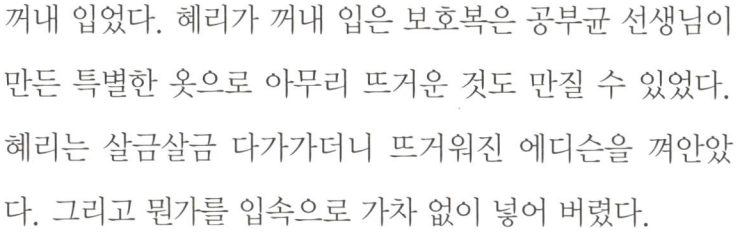

꺼내 입었다. 혜리가 꺼내 입은 보호복은 공부균 선생님이 만든 특별한 옷으로 아무리 뜨거운 것도 만질 수 있었다. 혜리는 살금살금 다가가더니 뜨거워진 에디슨을 껴안았다. 그리고 뭔가를 입속으로 가차 없이 넣어 버렸다.

"뭘 먹인 거야?"

건우가 조심스럽게 물었다.

"에디슨이 세상에서 제일 싫어하는 거야. 당근."

혜리가 당근의 '당' 자를 채 말하기도 전에 에디슨이 우웩하고 토하기 시작했다.

"에디슨은 당근을 정말정말 싫어하더라고. 먹는 족족 다 토해."

"우웩!"

에디슨은 태양 사탕을 토해냈다.

혜리는 방호복을 입은 채로 뜨거운 태양 사탕을 사정없이 밟아서 으깨버렸다.

와지끈!

태양 사탕이 박살나자 정신없이 빙글빙글 돌던 아로가 소파 위로 굴러 떨어졌다.

"윽, 멈춰줘서 고마워!"

건우야, 아로를 꽁꽁 묶어볼까?

태양계 안의 천체들은 태양이 만들어진 후, 태양 주변에 퍼져 있던 우주 물체들이 합쳐지거나, 태양으로부터 떨어져 나와 만들어진 것이기 때문이란다.

꽉 꽉 꽉 꽉

그래서 마치 엄마를 따라다니는 오리 떼처럼 행성들이 태양만 따라다니는 건가요?

아니, 태양계의 행성들이 태양을 따라 움직이는 건 태양은 가장 크고 질량이 큰 중심별이기 때문이야.

태양 모드는 안 돼!

아이들은 한바탕 신나게 야구 시합을 하고 나서 과학교실 안으로 들어왔다. 그런데 교실 안이 후끈후끈하고 뜨거운 듯했다.

"어쩐지 교실 안이 좀 더운 것 같아."

혜리가 손바닥으로 부채질을 하며 중얼거렸다.

"그건 우리가 운동해서 그런 거 아닐까?"

건우의 말에 혜리는 그런가 보다 하고 고개를 끄덕였다.

그때 아로가 콧구멍을 벌름거리며 냄새를 맡았다.

"킁킁, 누가 고기를 굽나?"

정말 어디선가 고소한 냄새가 나는 것 같았다.

"아니, 뭔가 타는 냄새 같기도 한데."

"야옹!"

에디슨도 냄새를 맡은 듯 고개를 갸웃했다. 그리고 3초

후, 에디슨이 "캬아옹!" 앙칼진 소리를 지르며 스프링처럼 공중으로 푹 튀어 올랐다. 얼마나 높이 튀었는지 지붕을 뚫어버릴 정도였다.

아로와 아이들은 대체 무슨 일인가 하고 고개를 갸웃했다. 그런데 에디슨이 있던 자리의 벽이 벌겋게 달아오르고 있었다. 아이들은 과학교실 안이 후끈후끈 달아오르는 것을 느낄 수 있었다.

"자꾸 더워지는 것 같아."

"나도, 땀이 나고 있어!"

아로와 건우, 혜리는 엄청나게 뜨거워진 과학교실 밖으로 탈출하는 게 좋겠다고 생각했다. 하지만 문고리가 뜨거워서 만질 수가 없었다.

"엇, 얘들아, 집이 녹아내리고 있어!"

건우가 벽이 흐물흐물 물처럼 녹아내리는 것을 보고 두 눈을 휘둥그레 떴다.

"빠, 빨리 도망치자!"

아이들은 창문 밖으로 몸을 던졌다. 그새 뜨거워진 과학교실이 녹아버린 캐러멜처럼 푹 퍼져 버렸다.

"읍!"

"어떡하지?"

아이들이 서로의 얼굴을 들여다보며 난감해 하고 있을 때였다.

"어엇? 과학교실이 뜨거운 열에 푹 퍼져 버렸네."

공부균 선생님의 목소리가 들렸다. 공부균 선생님은 바닥에 떨어진 리모컨 하나를 주웠다. 그건 아까 아로가 만지던 것이었다.

아로는 뜨끔한 표정으로 그게 뭐냐고 물었다.

"헉, 누가 태양 모드를 눌러두었구나!"

"그, 그러면 어떻게 되는데요?"

"과학교실 안이 태양처럼 뜨거워지는 거지."

"태, 태양이 아주 많이 뜨거운가요?"

아로가 뒷덜미를 긁적이며 물었다. 그러자 공부균 선생님은 태양의 온도는 약 6,000℃ 정도쯤 되고, 과학교실의 온도도 그만큼 올라간다고 했다.

"헉!"

"그나마 태양 핵 모드를 누르지 않은 게 다행이야. 태양의 핵은 온도가 1천5백만℃가 넘거든."

"어떻게 그 정도로 뜨거워질 수 있는 거죠?"

아로의 물음에 공부균 선생님은 태양의 가운데 핵 부분에서 수소가 핵융합*하기 때문이라고 알려 주었다.

"아빠, 그나저나 집이 열에 녹아버려서 어떡해요?"

혜리가 한숨을 내쉬었다.

공부균 선생님은 머리를 긁적이더니 말했다.

"녹은 건 다시 얼려야지."

"집을 넣을 만큼 커다란 냉장고가 있나요?"

건우가 걱정스러운 표정을 짓자 혜리가 어깨를 으쓱하며 말했다.

"걱정하지 마, 우리 아빠 뭐든 다 갖고 있어."

그 사이 창고에서 뭔가를 뒤적거리던 공부균 선생님은 '빙하 리모컨'을 찾아왔다. 공부균 선생님이 리모컨에 있는

핵융합이란, 가벼운 핵들이 핵반응으로 결합해서 무거운 핵이 되는 거야.

빙하 시대 모드를 꾹 누르자 갑자기 주변이 엄청나게 추워지기 시작했고, 캐러멜처럼 녹아버렸던 집도 다시 원래대로 돌아왔다.

그런데 집 안으로 들어가니 거실에 놓인 태양 사탕의 표면에 검은 반점이 덕지덕지 나 있었다. 그 점은 주변보다 온도가 낮아서 검게 보이는 것이라고 했다.

"태양을 실제로 들여다보면 많은 흑점이 보인단다."

"그나저나 대체 누가 우리 집을 녹인 거지?"

혜리가 두 눈을 번뜩이며 주변을 살폈다.

"버, 범인을 찾으면 어떡할 건데?"

"에디슨이 삼킨 태양 사탕을 입에 넣어 줄 거야."

"컥!"

아로는 두 손으로 입을 가리고 뒷걸음질을 쳤다.

"아로야, 어디가?"

건우가 그런 아로를 향해 눈치 없이 물었다. 아로는 대답도 하지 않고 줄행랑치기 시작했다.

태양의 흑점

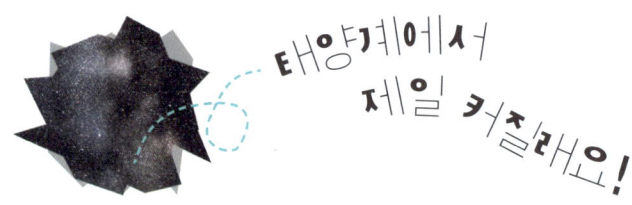
태양계에서 제일 커질래요!

"자, 오늘은 우리 학교 모든 학생의 키를 재는 날입니다."

교장 선생님의 말에 아로는 기가 팍 죽었다. 몇 달 전 키를 재었을 때나 지금이나 별로 달라진 게 없었기 때문이다.

"난 손바닥 한 뼘 정도 더 큰 것 같아."

"나도!"

혜리랑 건우는 키가 더 큰 것 같다며 은근히 자랑했다. 하지만 아로는 자랑할 수 없을 게 뻔했다.

"갑자기 커질 방법은 없나?"

아로는 혹시 공부균 선생님의 창고를 뒤져 보면 뭔가 기발한 게 있을지도 모른다는 생각이 들었다.

살금살금!

아로는 쉬는 시간에 공부균 선생님의 과학교실로 향했

다. 때마침 선생님은 어디 가고 없는 듯했다.

"창고를 뒤져보면 뭔가 있을지도 몰라!"

아로는 슬금슬금 창고로 들어갔다. 그리고 여러 개의 서랍을 뒤적거리다가 '태양계에서 제일 큼'이라고 쓰인 사탕 하나를 발견했다.

'이걸 먹으면 내가 우리 반은 물론이고 우리나라는 물론이고 태양계에서 제일 커진다는 거지?'

아로는 사탕을 얼른 주머니에 넣고 교실로 돌아왔다. 다행히 선생님은 아로가 사라진 걸 눈치채지 못한 상태였다.

"애들아, 다음 시간에는 키를 재기로 했단다. 모두 까치발은 금지인 거 알지?"

"네!"

아이들이 참새처럼 짹짹 대답했다.

아로는 얼른 공부균 선생님의 창고에서 가져온 사탕을 입에 넣고 꼴깍 삼켰다. 그러자 아로의 몸이 점점 커지기 시작했다. 그런데 문제는 키가 커지는 게 아니라 옆으로 옆으로 커진다는 것이었다.

"헉, 이게 웬일이야!"

"이아로, 갑자기 네가 우리 반에서 최고 뚱뚱해졌어."

"아니, 방금 우리나라에서 최고 뚱뚱한 어린이가 되었어."

아로의 몸은 점점 넓어지기 시작했다. 급기야 아로는 움직일 수 없을 정도로 커지고 말았다.

쿵!

아로가 자리에 털썩 주저앉고 말았다.

"애들아, 도와줘!"

아이들은 힘을 합쳐 아로를 일으켜 세우려 했다. 하지만 아로의 몸이 너무 무거워서 꼼짝도 할 수 없었다.
"커진다는 게 이렇게 커지는 건 줄은 몰랐네!"
아로가 중얼거릴 때였다. 아로의 입에서 가스가 뿜어져 나오기 시작했다. 가스들은 아로의 몸을 빙 감싸더니 빙글빙글 돌기 시작했다.
"우와, 이아로! 대단해!"

건우는 아로의 몸을 감싼 가스들이 띠를 이루며 빙글빙글 돌아가는 것을 보고 손뼉을 쳤다. 그 모습을 본 혜리가 건우의 옆구리를 쿡 찔렀다.
"지금 좋아할 때는 아닌 것 같아."
"어, 어떡하지?"
건우가 머리를 긁적이는 동안에도 아로의 몸은 옆으로 점점 커지고 있었다. 아로는 이러다가 몸이 터질지도 모른다는 생각이 들었다. 그렇게 점점 아로의 몸이 커지고, 또 커질 때였다. 어디선가 얇디얇은 털 하나가 날아오더니 아로의 콧구멍으로 쏙 들어갔다. 아로는 자기도 모르게 재채기를 했다.

"에취!"

그 순간 아로의 입속에 들어 있던 사탕이 쏙 빠져나와 버렸다.

"우와, 다시 원래 이아로로 돌아온다!"

아로의 몸은 눈 깜짝할 사이에 원래대로 돌아왔다. 아로는 손가락으로 코안을 후비적거리며 콧구멍으로 들어간 털을 찾아냈다. 그 털은 어디선가 본 적이 있는 듯 익숙한 색깔이었다.

바로 에디슨의 털이었다.

"에디슨이 날 살렸어!"

아로는 정말정말 안도의 한숨을 내쉬었다.

그날 저녁, 공부균 선생님의 과학교실로 간 아이들은 아로가 먹은 사탕이 목성 사탕이라는 것을 알게 되었다.

"목성은 지구보다 무려 1,300배 큰 태양계의 대장이라 할 수 있어. 질량도 지구의 318배나 된단다."

"아로의 몸에서 슈슝 하고 가스가 막 새어 나왔어요."

건우가 아까 본 것을 떠올리며 말했다.

"그건 목성이 수소나 헬륨 등 가벼운 물질로 되어 있기 때문이란다."

"그럼 가벼워야 하는 거 아닌가?"

혜리가 예리하게 물었다.

"아, 목성의 가장 안쪽은 딱딱한 수소로 되어 있는데, 보통 상태일 때 수소는 기체이지만 굉장한 압력이 가해지면 고체로 변한단다. 그래서 무거운 거야."

"아!"

"다음엔 절대로 아무거나 먹으면 안 돼."

공부균 선생님이 경고하듯 말했다. 하지만 아로는 다음번엔 수성을 먹어 볼까, 화성을 먹어 볼까 하고 생각하고 있었다.

하늘에 뜬 별아, 너의 이름은?

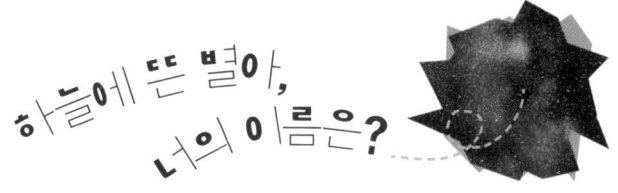

부스럭부스럭!

아로는 가방을 챙겼다. 오늘은 아로가 숲을 탐험하기로 한 날이기 때문이다. 아로는 가방에다 컵라면, 보온병, 사탕, 초콜릿, 겉옷, 랜턴 등등 여러 가지 물건을 다 집어넣었다. 그때 아로의 집으로 건우가 놀러 왔다.

"이아로, 엄마한테 꾸중이라도 들었어?"

"아니?"

"그런데 왜 집 나갈 준비를 하는 거야?"

"집을 나가려는 게 아니라 숲을 탐험하려는 거야."

"이 가방 속에 든 것들을 다 쓰려면 몇 달은 걸릴 것 같은데?"

건우는 어느 숲으로 갈 거냐고 물었다. 아로는 공부균 선생님의 과학교실이 있는 뒷산을 탐험할 거라고 얘기했다.

"엄마한테는 말했어?"

"당연히 안 했지."

"선생님이 말씀하셨잖아. 어딜 가기 전에는 반드시 부모님의 허락을 맡아야 한다고."

"그래서 편지를 준비했지."

아로는 휘갈겨 쓴 편지를 냉장고에 붙여 두었다. 그리고 커다란 배낭을 메고 끙끙거리며 산으로 향했다.

건우는 그런 아로의 뒤를 졸랑졸랑 뒤따라갔다. 아로는 땀을 뻘뻘 흘리며 산등성이를 올라갔다.

"내가 좀 들어줄까?"

"아니, 괜찮아. 이건 내 모험이니까 내가 책임져야 해."

"그래, 뭐 그러든지."

건우는 풍선껌을 질겅질겅 씹으며 아로를 따라갔다. 한참 헥헥 거리며 배낭을 짊어지고 가던 아로는 걸음을 우뚝 멈추었다.

"그런데 넌 왜 날 따라오는 거야?"

"네가 어떤 사고를 칠지 궁금해서."

"내가? 난 절대 사고 같은 건 치지 않는 성실한 어린이라고."

"그래, 그래, 그렇겠지."

건우가 피식 웃으며 대꾸했다. 그 모습을 본 아로는 기분이 팍 상했다. 그래서 건우를 따돌리려고 성큼성큼 더 큰 걸음을 걸었다. 하지만 무거운 배낭을 짊어지고 빠른 속도로 걷는 건 좀처럼 쉽지 않았다.

"으악, 이럴 줄 알았으면 수레라도 끌고 올걸!"

배낭을 내려놓으려고 팔을 빼며 아로가 소리칠 때, 갑자기 땅이 푹 꺼지더니 배낭을 멘 채 아로의 몸이 아래로 푹 떨어져 버렸다.

"으아아아아아!"

아로가 빠진 곳은 깊은 싱크홀이었다.

"헉! 괜찮아?"

건우가 묻자 아로가 '윽' 소리를 내며 대꾸했다.

"배낭 위로 떨어져서 안 다쳤어."

"잠깐 기다려, 어른들에게 도움을 청할게!"

"안 돼!"

아로는 자기의 모험을 이대로 끝낼 수 없다고 소리쳤다. 건우가 대체 어쩔 작정이냐고 묻자 아로는 끙끙거리며 자기 혼자 힘으로 빠져나올 수 있다고 말했다.

"난 차라리 어른들에게 도움을 청하는 게 나을 것 같은데!"

"아니, 내 힘으로 나갈 거야."

아로가 밖으로 기어 나왔을 때는 깜깜한 밤이었다. 아로를 기다리던 건우는 바위 옆에 기대어 앉은 채 꾸벅꾸벅 졸고 있었다.

"드디어 내 힘으로 탈출했어!"

"하암, 엄청 오래 걸렸네."

건우는 이제 그만 집으로 돌아가는 게 좋겠다고 했다. 아로도 배가 고프니 그러자고 했다. 그런데 아로가 자리에 가만히 서서 주변을 멀뚱멀뚱 쳐다보기만 했다.

"왜 안 움직이는 거야?"

"아무래도 길을 잃은 것 같아. 깜깜해서 그런지 어느 쪽으로 가야 할지 모르겠어!"

"길을 알아낼 방법이 없을까?"

아로와 건우는 길을 찾으려고 주변을 두리번거리다가 까만 하늘에 떠 있는 별을 보았다.

"엇, 저 별은 어제 우리 집 옥상에서 본 것 같아!"

"확실해?"

건우가 의심스러운 표정을 지을 때였다.

"음, 나침반이 발명되기 전 목동이나 뱃사람들은 하늘의 별을 보고 방향을 알아냈다는 얘기를 아빠한테 들은 것 같아."

갑자기 수풀 사이에서 혜리와 에디슨이 튀어나오며 말했다.

"너희는 여기 어쩐 일이야?"

"아까 보니까 너랑 건우가 어딜 가더라고. 그래서 살금살금 뒤따라왔지.”

"그럼 내가 위험에 처한 걸 보고도 그냥 있었던 거야?"

아로가 퉁명스럽게 묻자 혜리는 고개를 빳빳하게 들며 말했다.

"네가 아무에게도 도움을 청하지 말랬잖아."

혜리는 이렇게 다툴 게 아니라 빨리 집으로 가는 게 좋겠다고 했다.

"정말 저 별이 있는 쪽으로 가면 집이 나올까?"

"아빠가 그러는데 별은 정해진 위치에 똑같은 것이 뜬다고 했어. 그래서 아주 먼 옛날 유목민들이 가축에게 새로운 먹이를 주기 위해 이곳저곳 돌아다니다가 집으로 갈 때는 별자리를 이용했다고 해."

"오, 역시!"

"그런데 까만 하늘에 점처럼 이어진 별을 보고 어떻게 방향을 찾지?"

건우의 질문에 아로가 아이디어를 냈다.

"음, 에디슨에게 길 찾기를 맡겨보는 건 어때?"

"에디슨이 뭘 안다고?"

"동물은 우리보다 뛰어난 청각과 후각을 갖고 있다잖아. 그러니까 에디슨이라면 틀림없이 집을 찾아갈 수 있을 거야."

"뭐, 일단 해보자."

혜리는 에디슨에게 집으로 돌아가자고 했다. 그러자 에디슨이 늘어지게 기지개를 켜더니 성큼성큼 걸어가기 시작했다. 아이들은 혹시나 하는 마음으로 에디슨의 뒤를 따랐다.

"아까 유목민들이 초원에서 길을 찾을 때 별자리를 이용했다고 그랬잖아. 그런데 내가 보는 별이 같은 별이라는 건 어떻게 알았던 걸까? 별에 이름이 쓰여 있는 것도 아닐 텐데."

"모양을 보면 알 수 있지 않을까?"

"맞아, 모든 곳의 별자리가 똑같지 않으니까 모양을 보고 어떤 별이 떠 있는 곳으로 가면 된다고 추리했겠지."

"아항!"

아로와 건우, 혜리는 에디슨의 뒤를 따라 한참을 걸었다. 그러자 공부균 선생님의 과학교실 대신 넓은 들판이 나타났다. 그 들판에는 에디슨이 혜리 몰래 뜯어 먹는 풀이 잔뜩 자라고 있었다.

"에디슨, 너 이 녀석!"

혜리가 두 눈을 부릅뜨거나 말거나 에디슨은 들판에 있는 풀을 질겅질겅 뜯어 먹기 시작했다. 아이들은 허탈한 표정으로 하늘을 올려다보았다. 그때 수풀 속에서 뭔가 부스럭 소리가 났다.

"뭐, 뭐지?"

"야생동물이 나타난 걸까?"

아이들은 겁에 질린 채 바짝 달라붙었다. 그 순간 수풀 속에서 시퍼런 빛이 번쩍였다.

"으악! 곰이닷!"

"빼빼 마른 곰이닷! 엄청 배가 고플 듯!"

놀란 아이들은 일제히 소리를 지르며 도망쳤다.

"잠깐!"

매우 익숙하고 반가운 목소리가 들려왔다.

"곰이 말을 하네?"

"공부균 선생님을 잡아먹었나?"

별밥을 만들어요

"방금 들어온 뉴스입니다. 내일 새벽, 하늘에서 76년 만에 유성우가 쏟아질 것이라고 합니다. 내일 유성우를 놓친다면 또 76년을 기다려야 합니다."

어느 평범한 저녁때였다.

일찍 식사를 마친 아빠는 소파에 앉아 신문을 보고 있었고, 엄마는 텔레비전을 틀어놓은 채 빨래를 개고 있었다. 아로는 바닥에 엎드린 채 휴대폰 게임을 하다가 고개를 번쩍 들었다.

"유성우? 그게 뭐지?"

"뭐긴, 별똥별을 말하는 거지."

엄마가 하품하며 말했다.

"별똥별한테 소원을 빌면 소원이 이뤄진다면서요?"

"그렇긴 한데, 하암, 벌써 이렇게 잠이 쏟아지는데 새벽

까지 어떻게 기다리겠어?"

엄마는 그냥 일찍 자는 게 낫겠다며 텔레비전을 껐다.

그날 밤, 아로는 엄마 아빠가 잠든 걸 확인하고 살금살금 집을 빠져나왔다. 아로가 향한 곳은 공부균 선생님의 과학 교실이었다. 선생님의 과학교실 옥상으로 올라가면 별똥 별을 볼 수 있을 것 같았다.

"모든 별똥별에게 소원을 빌테다!"

아로는 소원을 깨알같이 적어 둔 수첩을 꺼냈다. 부스럭 부스럭 소리가 나더니 누군가 옥상으로 올라오는 발소리 가 들려왔다.

"누구야?"

아로가 두 눈을 깜빡이자 목소리가 들렸다.

"나야, 건우!"

"역시 너도 올 줄 알았어!"

"혜리는?"

"아까 별똥별에 소원을 빌자고 했더니 자긴 피부 미인이 라서 밤엔 꼭 잠을 푹 자야 한대. 자기 소원까지 대신 빌어 달랬어."

건우가 머리를 긁적거렸다. 그때 하늘에서 뭔가 '슝' 하고 떨어지는 게 보였다.

"엇, 저기!"

"어디, 어디?"

아로가 목을 길게 내빼고 하늘을 보았다. 하지만 아무것도 보이지 않았다.

"건우야, 넌 별똥별한테 소원 빌었어?"

"아니, 너무 빨라서 아무것도 못 빌었어."

아로랑 건우는 다음 별똥별에게 제대로 소원을 빌어야겠다고 마음먹었다. 그 순간 까만 밤하늘에서 뭔가 '슝' 하고 지나갔다. 어찌나 빠른지 아로가 소원 수첩을 펼치는 사이 사라져 버리고 말았다.

"이번에도 실패야!"

그렇게 아로랑 건우는 몇 번이나 별똥별에게 소원 빌기를 실패하고 말았다. 더욱 큰 문제는 더 이상 별똥별이 보이지 않는다는 것이었다.

"이제 별이 똥을 다 쌌나 봐."

건우가 어깨를 축 늘어트리며 말했다.

"잠깐, 별똥별이 별의 똥이었어?"

아로가 두 눈을 휘둥그레 뜨자 건우가 당연한 거 아니냐며 아는 체를 했다.

"몰랐어? 그러니까 별, 똥, 별이라고 부르지."

"아!"

"제발 다음에 오는 별은 밥을 좀 많이 먹은 애였으면 좋겠다. 그럼 똥도 많이 쌀 거 아니겠어."

건우의 말에 아로는 무릎을 '탁' 쳤다.

"우리 이럴 게 아니라 공부균 선생님께 별이 좋아하는 밥을 만들어달라고 하자. 그럼 별똥별이 많아질 거 아니겠어. 나, 꼭 빌어야 하는 소원이 있단 말이야!"

아로가 크게 말할 때였다. 소란스러운 소리를 들은 공부균 선생님이 손전등을 들고 옥상으로 올라왔다.

"엇, 너희들 거기서 뭐 하는 거니?"

"앗, 선생님! 별똥별한테 소원을 빌려고 했는데 실패했어요."

아로의 말에 공부균 선생님이 피식 웃었다.

"얘들아, 별똥별은 실제 별이나 별의 조각이 떨어지는 것은 아니란다. 지구 옆을 지나가던 이름 없는 천체가 지구 힘에 이끌려 지구로 떨어지는 현상일 뿐이야."

"정말요?"

아로와 건우는 순간 힘이 쭉 빠져 버렸다.

소원을 빌 기회가 사라졌다고 생각하니 다리에 힘이 풀리는 것 같았다.

"우주에는 혜성이나 행성뿐 아니라 작은 소행성 등 다양한 천체들이 떠 있어. 이런 천체의 조각들이 지구의 중력에 이끌려 가끔 지구로 떨어질 때도 있지. 그러니까 별똥별은 별이 아니란다."

공부균 선생님의 말에 건우가 평소 궁금했던 호기심을 질문했다.

"그런데 별똥별은 왜 반짝반짝 빛이 나는 거예요? 금으로 만들어졌나요?"

"별똥별은 유성이라고도 부르지. 지구로 떨어진 유성들은 지구를 감싸고 있던 공기와 부딪히게 돼. 이때 엄청난 속도로 부딪히기 때문에 환한 불꽃을 일으키면서 반짝거리는 거지."

아로가 별똥별이 떨어진 하늘 저편을 바라보며 심술이 난 얼굴로 투덜거렸다.

"칫, 소원을 이룰 거로 생각했는데 좋다 말았네."

"네 소원이 뭔데?"

건우가 물었다.

"이번 달에 사고 싶은 게 있단 말이야! 용돈을 많이 받게 해달라고 비는 게 첫 번째 소원이었어."

그러자 공부균 선생님이 웃었다.

"허허, 우주에서 떨어진 유성은 가끔 비싼 값에 팔리기도 하더구나."

아로의 눈이 동그래졌다.

"정말요?"

"어떤 유성은 너무 커서 땅에 떨어지기도 하지. 우주에서 떨어진 돌멩이라고 해서 운석이라 부른단다. 운석은 금보다도 훨씬 비싸지."

"우와! 엄청난 보물이구나!"

"그래서 전 세계의 운석을 찾아다니는 운석 사냥꾼이 있을 정도란다."

그 말을 들은 아로는 잽싸게 뛰기 시작했다. 건우가 대체 어딜 가는 거냐고 소리치자 아로는 아까 별똥별이 떨어진 곳을 확인하러 간다고 했다. 그 말을 들은 건우도 총알처럼 아로의 뒤를 따랐다.

아로 뱃속에 블랙홀

"엇, 아로야, 여기 있던 떡 못 봤니?"

"봤지."

엄마의 물음에 아로가 배를 두드리며 씨익 웃었다. 엄마는 그 많던 떡을 한꺼번에 다 먹은 거냐고 되물었다.

"별로 안 많던데?"

"애가, 애가!"

그날 저녁 반찬은 불고기였다. 아로는 엄마랑 아빠가 젓가락을 들자마자 후룩후룩 불고기를 먹어 치웠다. 먹었다기보다는 삼켰다는 표현이 더 어울린다. 엄마는 아로가 좀 이상한 것 같다며 걱정스러운 표정을 지었다.

"성장기니까 그런가 보지."

아빠는 대수롭지 않게 허허 웃었지만, 엄마는 심각한 표정이었다.

"엄마, 간식은 없어요?"

"간식?"

엄마는 그렇게 먹어 치워 놓고 또 먹을 것을 찾느냐는 표정으로 아로를 보았다. 하지만 아로는 벌써 소화가 다 되었다며 간식을 달라고 졸랐다.

"아무래도 내일 아로를 데리고 병원에 가 봐야겠어."

엄마는 아로의 뱃속에 거지가 든 게 틀림없다고 말했다. 아로는 콧방귀를 뀌었다.

그런데 이튿날, 병원에 간 아로는 의사 선생님으로부터 이상한 말을 들었다.

"확실히 뱃속에 뭔가 있는 게 틀림없습니다."

"그, 그게 뭔가요?"

"정확한 것은 좀 더 큰 병원에 가서 진단을 받아보는 게 좋겠습니다."

"아아!"

엄마는 심각한 병이면 어쩌냐며 털썩 주저앉았다. 하지만 아로는 아픈 데가 없었다. 아로는 엄마랑 의사 선생님이 괜히 소란을 떠는 것 같다고 생각했다.

그날 오후, 아로는 공부균 선생님의 과학교실을 찾았다.

"아로야, 표정이 왜 그래?"

혜리는 아로의 표정이 어딘가 이상하다고 했다.

"의사 선생님이 내 뱃속에 이상한 게 있는 것 같다고 큰 병원에 가서 검사를 받아 보는 게 좋을 것 같대."

아로가 서글픈 표정을 짓자 건우가 '헐!' 하고 혀를 쭉 내밀었다. 그때 공부균 선생님이 끼어들었다.

"그러면 여기서 뱃속에 든 게 뭔지 확인해 보자."

"그게 가능한가요?"

"당연하지. 여긴 뭐든 다 알 수 있는 과학교실이잖니."

공부균 선생님은 아로의 배에 차가운 젤을 발랐다. 그리고 그 위에 스캐너를 갖다 댔다. 그러자 컴퓨터 모니터에 시커먼 뭔가가 나타났다. 그건 아로의 뱃속이었다.

"어? 뱃속이 왜 저렇게 새카맣지?"

"검은 뭔가의 지름이 3cm 정도 되는 것 같은데?"

건우와 혜리가 모니터를 보며 중얼거렸다.

그때 공부균 선생님이 아주 심각한 표정으로 아로에게 말했다.

"아로야, 네 배 속에 블랙홀이 있구나."

"블랙홀이요?"

"그래, 엄청난 속도와 힘으로 모든 것을 빨아들이는 우주 공간 말이야."

공부균 선생님은 우주에는 무수히 많은 블랙홀이 존재하는데, 우리 은하계에도 1억 개 정도의 블랙홀이 있다고 했다.

"블랙홀은 엄청나게 큰 거 아닌가요?"

"아니, 크기는 아주 다양하단다. 30cm 정도의 지름을 가진 아주 작은 블랙홀부터 지구와 태양 거리만큼 긴 지름을 가진 거대 블랙홀도 있지."

블랙홀의 내부에는 엄청난 힘이 존재한다고 한다. 그래서 아로가 음식이라면 무엇이든 다 빨아들이는 것이라고 했다.

"잠깐, 에디슨의 배 속에도 블랙홀이 있는지 살펴볼까?"

혜리가 중얼거렸다.

그 말에 화들짝 놀란 에디슨이 털을 바짝 세우고 갸릉갸릉 했다. 그때 아로가 고민에 가득 찬 목소리로 물었다.

"그럼 저는 이제 어떻게 되는 거예요?"

"방법은 하나. 블랙홀을 없애야지."

"없앨 수 있나요?"

"방법은 있지. 하지만 좀 위험하단다."

"어떻게 위험한데요?"

"아주아주 쓴 약을 먹어야 해."

아로는 고민에 잠겼다. 이대로 블랙홀을 배 속에 넣어두면 모든 것을 다 먹어 치우게 될 것이고 동네방네 먹보 대장으로 소문이 날 것이다. 하지만 쓴 약을 먹는 건 돼지나 먹보 대장으로 소문나는 것보다 더 싫었다.

"아, 쓴 약이냐, 블랙홀이냐! 그것이 문제로다!"

아로가 고민할 때였다.

에디슨이 살금살금 움직이더니 사료통을 건드렸다. 그걸 본 아로가 후다닥 달려가서 에디슨의 사료를 몽땅 먹어 치웠다. 순간 화가 난 에디슨이 아로의 얼굴을 할퀴었다.

"야-아-옹!"

"아악!"

아로는 얼굴을 감싼 채 데굴데굴 뒹굴었다. 사료를 빼앗

긴 에디슨은 그래도 분이 풀리지 않았는지 아로의 배 위로 풀쩍 뛰어올랐다. 순간 엄청난 힘이 아로의 배에 가해졌고 아로는 블랙홀을 토해내고 말았다.
"컥!"
그 순간 에디슨이 입을 쫙 벌려 블랙홀을 삼켜 버렸다.
꿀꺽!
그렇게 에디슨의 뱃속에 거대한 블랙홀이 생겨났다.

내 소행성의 이름은!

아로와 건우, 혜리, 그리고 에디슨이 밤하늘을 올려다보고 있었다. 그런데 까만 하늘에 별 하나가 유난히 반짝였다.

"저 별은 이름이 뭐지?"

아로가 별을 올려다보며 말했다.

"잠깐만, 별자리 사전을 찾아보도록 할게."

혜리가 커다란 백과사전 하나를 꺼내더니 뒤적뒤적 이름을 찾기 시작했다.

"저 별은 바오밥 별이라고도 하고 돌돌이 별이라고도 하고 베르니아라고도 하고 인디언들은 게섯거라 별이라고도 부른대."

"힉, 별에 무슨 이름이 그렇게 많아?"

아로가 묻자 건우가 끼어들었다.

"음, 나라마다 부르는 이름이 달라서 그런 거 아닐까?"

"하긴, 우리나라에선 여름철에 반짝이는 일곱 개의 별을 북두칠성이라고 부르지만, 외국에선 큰곰자리라고 하잖아."

문득 아로는 별의 이름은 누가 짓는 것인지 궁금해졌다.

"별의 이름을 짓는 사람이 따로 있는 걸까?"

"아마 그렇지 않을까?"

건우가 대꾸했다. 그때 공부균 선생님이 뒤뚱거리며 옥상으로 올라왔다.

"무슨 이야기를 그렇게 재미있게 하는 거니?"

"별의 이름은 누가 짓는지 궁금해서 얘기 중이었어요."

건우가 대답하자 공부균 선생님이 정답을 알고 싶으냐고 물었다. 아이들은 모두 동시에 "당연하죠!"라고 대답했다.

"별의 이름은 먼저 짓는 사람 마음이란다."

"네?"

"정말이야. 우주에 별만큼 많은 것이 소행성인데, 1년에 50~60개 이상의 새로운 소행성이 발견되고 있지. 그런데 새로운 소행성이 발견되면 최초 발견자가 새 소행성의 이

름을 지을 권한을 갖게 된단다."

"정말요? 무슨 규칙 같은 것도 없어요?"

"당연히 아주 얼렁뚱땅 이상한 이름은 국제천문연맹의 소행성위원회(MPC)에서 허락하지 않겠지. 그곳의 허락을 받아야 별의 이름이 최종적으로 통과되거든."

"그럼 우리말로 된 소행성의 이름도 있나요?"

"있지!"

공부균 선생님은 2001년 우리나라에서 처음 발견한 소행성에 통일이라는 이름이 붙었고, 그다음에 발견된 소행성들도 장영실, 공주, 보현산 등의 우리말 이름으로 등록되었다고 했다. 그 말을 들은 아로는 갑자기 자리에서 벌

떡 일어섰다.

"난 아로 소행성을 만들 테야!"

"어떻게?"

"새로운 소행성을 발견하고 거기에 제일 먼저 아로라는 이름을 붙이면 되는 거잖아. 반짝이는 밤하늘에 아로라는 소행성이 떠 있다고 생각해 봐, 얼마나 멋져!"

아로는 아주 진지하게 망원경을 들여다보기 시작했다.

아로는 며칠 동안 망원경을 들여다보고 또 보았다. 어느

날, 아로는 반짝이는 파란빛의 소행성 하나를 발견했다.

"선생님, 저것도 소행성이죠?"

"그래, 지금까지 발견된 적 없는 새로운 소행성인 듯하구나."

"우와아! 당장 이름을 지어야지!"

아로는 새로 발견한 소행성을 '아로아로8282'라고 이름을 지었다.

며칠 후, 국제천문연맹 소행성위원회로부터 연락이 왔다.

"저 소행성을 아로아로8282라고 불러도 좋다는 허락이 떨어졌다."

공부균 선생님의 말에 아로는 신이 나서 폴짝폴짝 뛰었다.

"그런데 아로아로8282가 무슨 뜻이야?"

"아로아로 빨리빨리!"

"어?"

"우리 엄마가 날 부를 때 늘 그렇게 부르시거든. 그 말을 들을 때마다 나는 심장이 콩콩 뛰어. 강아지를 키우면 이름을 아로아로8282라고 지으려고 했는데, 엄마가 절대 안 된다고 하시지 뭐야.”

갑자기 하늘에서 빛이 번쩍하더니 우주선 하나가 나타났다. 우주선은 공부균 선생님의 과학교실 옥상에 착륙하겠다는 신호를 보냈다.

“정말 우주선인가?”

“혹시 그냥 접시처럼 생긴 드론이 아닐까?”

“드론 치고는 너무 거대하잖아!”

아로와 건우, 혜리는 모두 두 눈을 휘둥그레 치켜뜨고 우주선을 바라보았다. 그 사이 우주선이 옥상에 서서히 착륙했다.

이윽고 우주선 문이 열리더니 새파란 피부의 외계인이 나타났다. 아로와 건우, 혜리, 에디슨, 그리고 공부균 선생님은 그 자리에 얼어붙어 아무 말도 하지 못했다.

“삐리삐리, 아로아로8282!”

외계인이 까맣고 동그란 단추 같은 눈을 반짝이며 말했다.

“엇, 그건 내 소행성의 이름인데!”

“싫다, 아로아로8282!”

"뭐?"

아로가 고개를 갸웃했다.

"우리 소행성을 대표해서 찾아왔다. 촌스럽다, 그 이름!"

외계인은 아로에게 "이름 싫다!"라는 쪽지를 남기고 다시 우주선을 타고 멀리 사라져 버렸다.

"아로아로8282는 언젠가 생길지도 모르는 아로네 집 강아지에게 붙여줘야겠구나."

공부균 선생님이 착잡한 목소리로 말했다.

아로는 황당한 표정으로 멀어져 가는 우주선을 보다가 고래고래 소리를 질렀다.

"아로아로8282가 뭐 어때서! 멋지기만 한데!"

아로는 울상을 지으며 투덜거렸다.

그 모습을 본 건우와 혜리, 에디슨과 공부균 선생님은 어이없는 표정을 짓다가 웃음을 터트리고 말았다.

"예전에는 나라나 지역마다 별자리를 부르던 이름이 각자 달랐지."

공부균 선생님의 말에 아로가 여전히 기분이 안 풀렸는지 짧은 한숨을 토해냈다.

"어휴, 같은 별을 두고 부르는 이름이 다 다르면 정말 헷갈리겠어요!"

"그래서 1922년 세계천문학자들이 한자리에 모여서 국제천문연맹을 열었지. 이 자리에서 88개의 별자리 이름을 확정을 지었단다. 이때 확정된 별자리를 기준으로 현재까지 쓰이고 있어."

"그런데 선생님, 별자리 찾는 게 너무 어려워요."

건우가 솔직하게 말했다. 그러자 혜리가 끼어들며 깨알 같은 과학 지식을 자랑했다.

"별자리를 찾기 전에 지구가 자전과 공전을 한다는 걸 잊지 말아야 해. 지구는 서쪽에서 동쪽으로 돌고 있어서 모든 별이 동쪽에서 서쪽으로 움직이거든."

"아! 맞다! 달이나 해가 동쪽에서 서쪽으로 움직이잖아!"

아로가 소리쳤다.

"별자리도 계절 별로 다르단다. 지구가 공전하기 때문에 봄, 여름, 가을, 겨울 별자리가 다르지."

공부균 선생님의 말에 아로는 이마를 짚으며 또 한 번 한숨을 내쉬었다.

"아이고, 복잡해. 별자리를 쉽게 찾는 방법 좀 알려 주세요!"

"별자리를 가장 쉽게 찾는 방법은 유명한 별자리 몇 개를 외워두었다가 그것을 기준으로 주변 별자리를 찾는 거야. 저길 보렴. 작은곰자리는 7개의 별이 모여 곰 모양을 이루고 있잖아."

"작은곰자리의 가장 빛나는 별이 북극성이야."

혜리가 말했다. 공부균 선생님이 밤하늘의 밝은 별을 가리켰다.

"그래, 작은곰자리 꼬리 끝에 있는 밝은 별이 북극성이란다. 언제나 북쪽 하늘에 떠 있어서 방향을 알려 주는 중요한 별이야."

아로가 밤하늘을 바라보며 한쪽 눈을 찡그렸다.

"내 눈에는 국자가 아니라 숟가락이 보이지?"

"흥, 그건 네가 먹을 걸 밝혀서야."

혜리가 팔짱을 끼며 콧방귀를 뀌었다.

"자, 이 행성 사탕을 한 알씩 먹어보렴."

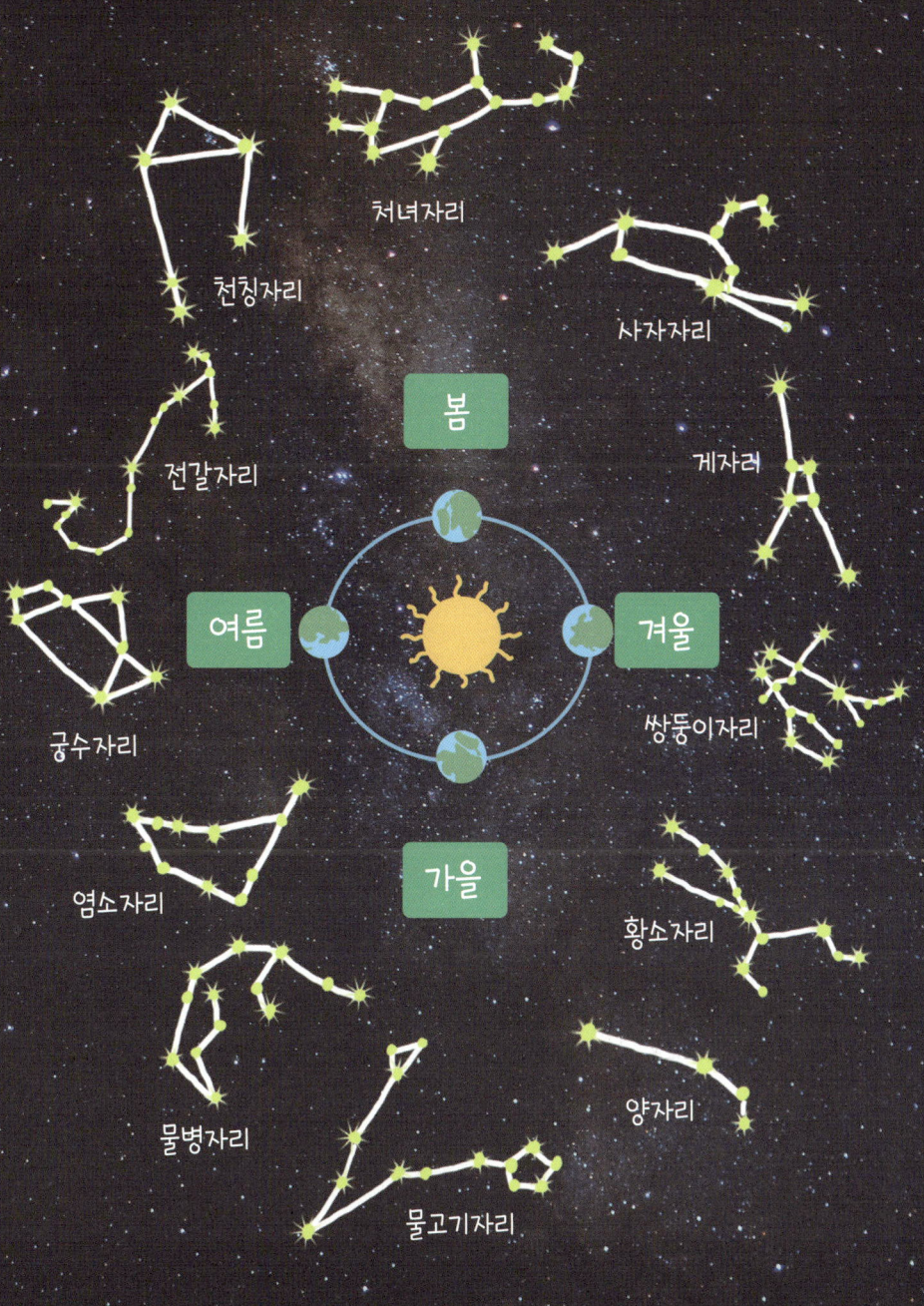

우주를 날아서!

아로와 아이들은 행성 사탕을 먹고 지구, 수성, 달로 변해 있었다. 에디슨도 목성 사탕을 먹고 거대한 행성이 되었다.

"와하하, 내가 계속 같은 자리를 빙글빙글 돌아!"

"나는 엄청 가벼워진 것 같아!"

공부균 선생님은 태양이 되어 뱅글뱅글 돌고 있었다.

아이들은 옆으로도 돌고 과학교실 안을 넓게 넓게 돌며 놀았다. 멀미가 날 지경이 되어서야 모두 원래 모습으로 돌아왔다.

펑-펑-. 퍼-어엉!

우주를 비추고 있던 커다란 모니터에 불꽃처럼 무언가 터지는 게 보였다. 아이들은 불꽃 축제가 벌어진 줄 알고 구경을 하러 가고 싶다고 졸랐다.

"저건 불꽃이 아니라 혜성인데!"

공부균 선생님은 짱구 머리를 긁적긁적했다.

공부균 선생님이 망설일 때 아로가 재빨리 엘리베이터로 달려가 우주 버튼을 눌렀다.

엘리베이터가 '슈-웅!' 소리를 내며 우주로 향했다. 때마침 혜성들이 태양을 향해 움직이는 것이 보였다.

혜성이 태양 가까이 갈수록 빛을 내며 점점 밝아졌다. 혜성이 긴 꼬리를 빛내며 태양 가까이 다가가 '펑' 소리를 내며 사라졌다.

"선생님, 저건 뭐예요?"

"지구나 화성 같은 건가요?"

아이들은 태양 가까이 갈수록 점점 더 밝아지는 혜성을 넋 놓고 바라보았다.

"저건 혜성이란다. 태양에서 멀리 떨어져 있을 때는 보이지 않다가 태양 가까이 갈수록 점차 밝게 빛나면서 꼬리도 길어지지."

공부균 선생님은 혜성의 또 다른 이름이 꼬리별이라고

했다.

"저 꼬리를 잡으면 어떻게 되려나?"

에디슨의 꼬리를 잡듯 혜성의 꼬리를 잡아보고 싶어진 아로는 엘리베이터를 조종해 혜성이 있는 곳까지 나아가기 시작했다.

"잡았다!"

아로가 엘리베이터에 달린 로봇 팔을 이용해 혜성의 꼬리를 잡으려는 찰나, 꼬리가 우수수 바스러져 버렸다.

"혜성의 꼬리는 가스나 먼지로 되어 있단다."

"윽! 진작 알았으면 안 잡았을 것을!"

아로는 바스스 흩어지는 먼지들 때문에 있는 힘껏 재채기를 했다. 그러자 먼지들이 지구 쪽으로 우수수 떨어지기 시작했다. 지구 대기권으로 빨려 들어간 혜성의 꼬리 부분에 있던 가스와 먼지, 암석 조각들이 분수처럼 퍼져나가자 빛이 흩뿌려졌다. 마치 폭죽이 터지는 것처럼 빛이 흩어졌다.

"우와, 또 보고 싶다!"

"안타깝지만 얘들아, 저 혜성은 앞으로 76년 뒤에나 올 거란다."

"왜요?"

"혜성은 주기를 갖고 움직이거든. 76년 뒤에 돌아올 혜성은 핼리 혜성이고 33년 뒤엔 템펠터틀 혜성이 지구 궤도를 지나갈 예정이란다."

"윽, 그럼 이 아름다운 우주 쇼를 몇 십 년 뒤에나 다시 볼 수 있다는 거예요?"

"그렇지."

아이들은 서운한 표정을 지었다. 우주 공간에서 아이들은 수영하는 오징어처럼 다리를 쭉 벌렸다 오므렸다 하며 헤엄쳤다.

엘리베이터에 꽂혀 있던 무전기에서 신호가 울려왔다.

"꿀꿀꿀, 지구인들, 안녕하신가! 우리 돼지 행성은 잡초 제거제가 필요하다."

"잡초 제거제?"

혜리가 움직임을 멈추고 무전기를 바라보았다.

"꿀꿀꿀, 우리 행성에 거대한 식물들이 자라기 시작했다. 이제 우리가 살 자리도 넘보고 있다. 꿀꿀꿀!"

그 말을 들은 아로가 무전기를 향해 물었다.

"돼지 행성은 지구에서 얼마나 가야 해요?"

"꿀꿀꿀, 약 10만 광년쯤?"

"광년? 그게 뭐지?"

"빛은 1초 동안 약 30만 km를 가지. 1광년이면 빛이 1년 동안 간 거리니까 대략 10조 km란다."

"10조 km면 자동차로 가면 얼마나 걸리나요?"

건우가 질문했다.

"아마 1,000만 년은 걸릴 거야. 비행기를 타고 가면 대략 100만 년은 걸리겠지."

"컥! 난 멀미 나서 그렇게 멀리 못 가요."

아로가 혀를 내둘렀다.

"1광년이 그 정도면 10만 광년이면? 잘 모르겠지만, 꽤 멀단 뜻이지?"

"아마도, 먼 것은 분명해."

건우와 혜리가 이야기를 주고받을 때 또다시 무전기에서 돼지 우는 소리가 들렸다.

"꿀꿀꿀, 우리는 우리 은하 가장 끝에 있는 별이다."

혜리가 팔짱을 끼며 고심했다.
"그것만으로 찾아갈 수 있을까?"
"우리 은하는 또 뭐지?"
아로가 중얼거리자, 공부균 선생님이 설명해 주었다.
"은하는 많은 별이 모여 있는 곳이야. 우리 은하는 태양계가 있고, 우리가 사는 지구가 있는 은하지. 우리 은하에만 약 1,000억 개의 별이 있어. 우주에는 이런 우리 은하 같은 은하가 2,000억 개 이상 있단다."
설명을 듣고 있었더니 정말 가슴이 자꾸 웅장해져."

'우아,' 하고 아로가 입을 크게 벌렸다.

딩동딩동-

어디선가 벨 소리가 울렸다. 혜리가 손목에 찬 모니터를 보곤 놀라서 소리쳤다.

"앗, 과학교실로 누군가 찾아 왔어. 교, 교장 선생님이셔!"

"계십니까? 여기 공혜리 학생의 집 아닌가요? 이상하네. 여기에 이아로와 송건우, 공혜리가 함께 공부하는 곳이라고 들었는데……."

손목 모니터 속에서 교장 선생님은 고개를 갸웃거렸다.

"얘들아, 빨리 과학 교실로 돌아가야겠어."

아이들은 서둘러 엘리베이터에 올라탔다. 에디슨이 느릿느릿 들어와서 하마터면 공부균 선생님은 엘리베이터에 못 탈 뻔했다. 아로는 재빨리 닫힘 버튼을 눌렀고, 동시에 혜리는 지구 버튼을 눌렀다.

쿵, 쿵, 쿵, 쿵!

엘리베이터가 크게 흔들리더니 슝! 지구 대기권을 향해 날아가기 시작했다. 아이들은 흔들리는 엘리베이터 안에서 넘어지지 않으려고 손잡이를 붙잡았다. 잠시 후 엘리베이터가 대기권을 뚫고 다시 공부균 선생님의 과학교실로 돌아왔다.

"안녕하세요. 교장 선생님!"

문이 열리자 아이들은 아무 일도 없었다는 듯이 교장 선생님에게 인사를 했다.

공부왕 교장 선생님이 뭔가 수상하다는 눈길로 과학교실 안을 살폈다.

4권 탄소 편으로 이어집니다.